白人贫困

美国社会分裂的真相

WHITE POVERTY

[美]威廉·J.巴伯二世
[美]乔纳森·威尔逊-哈特格罗夫 著
崔传刚 译

William J. Barber II
Jonathan Wilson-Hartgrove

中信出版集团 | 北京

图书在版编目（CIP）数据

白人贫困 /（美）威廉·J. 巴伯二世，（美）乔纳森·威尔逊-哈特格罗夫著；崔传刚译. -- 北京：中信出版社，2025.1. -- ISBN 978-7-5217-7056-8
I. D771-26
中国国家版本馆 CIP 数据核字第 2024K0040F 号

White Poverty by Reverend Dr. William J. Barber
Copyright © 2024 by Reverend Dr. William J. Barber
Simplified Chinese translation copyright © 2025 by CITIC Press Corporation
ALL RIGHTS RESERVED
本书仅限中国大陆地区发行销售

白人贫困

著者：[美]威廉·J. 巴伯二世；乔纳森·威尔逊-哈特格罗夫
译者：崔传刚
出版发行：中信出版集团股份有限公司
（北京市朝阳区东三环北路 27 号嘉铭中心　邮编　100020）
承印者：三河市中晟雅豪印务有限公司

开本：889mm×1194mm 1/16　　印张：16.5　　字数：202 千字
版次：2025 年 1 月第 1 版　　　　印次：2025 年 1 月第 1 次印刷
京权图字：01-2014-6407　　　　　书号：ISBN 978-7-5217-7056-8
定价：69.00 元

版权所有·侵权必究
如有印刷、装订问题，本公司负责调换。
服务热线：400-600-8099
投稿邮箱：author@citicpub.com

"反贫困，救穷人！"

2018 年，约 2.5 万人齐聚于华盛顿特区国家广场参与"穷人运动"。

目　录

推荐序一　　　　　　　　　　　　　　　　　　III
推荐序二　　　　　　　　　　　　　　　　　　IX
序　言　　　　　　　　　　　　　　　　　　　XV

[PART ONE] 第一部分
直面贫困

第一章　看不见的危机　　　　　　　　　　　003
第二章　道德融合：向更高处迈进　　　　　　017

[PART TWO] 第二部分
揭露迷思

第三章　迷思一：白人是利益共同体　　　　　039
第四章　迷思二：只有黑人谋求美国变革　　　063

第五章　迷思三：贫困只是一个黑人议题　　077

第六章　迷思四：我们无法弥合分裂　　093

[PART THREE]

第三部分

重建民主

第七章　直面白人贫困之痛　　119

第八章　穷人是新摇摆选民　　141

第九章　为何必须从底层着手　　165

第十章　重寻团结纽带　　185

后　记　黑人力量何以拯救了我的白人曾祖母　　209

致　谢　217

注　释　221

推荐序一

这是一本写美国贫困问题的书。应该说,从 20 世纪 60 年代迈克尔·哈灵顿的《另一个美国》一书问世以来,关于美国"丰裕中的贫困"问题一直备受关注,相关著作和文章也有很多。眼前这本《白人贫困》的价值在哪里呢?为何值得译成中文并推荐给读者呢?这是我拿到这本书时,心里首先想到的问题。

当我看一本书时,我常常要盯着书名和目录思考很久。一边琢磨如果这个主题让我来做,我会怎么布局各个章节,一边琢磨作者如此定题、如此行文背后的逻辑到底是什么,然后快速地翻翻正文,以大致验证我的猜想。

循着这一阅读习惯,《白人贫困》一书给我的最初印象是:(1)与一般描写美国少数族裔的贫困问题的书有所不同,这本书要分析的重点是美国白人的贫困问题。这是作者想要突出的新意所在。(2)这本书重在破除偏见,即作者所说的"迷思"。因为即便是白人贫困问题,也并非无人关注,因此本书作者更进一步,重点揭露对这一问题的错误认识。(3)重在提出对策。这就是作者所称的"道德融合"。照此思路,作者在第一部分正式提出问题,并点出对策思路;第二部分直面四大"迷思",夹叙夹议、评史论今,点出问题关键;第三部分则是评析白人贫困问题给美国社会和美国政治造成的影响,讲述作者构思的解决方案。——从这个结构看起来,这本书值得深入细细品读。

待我用了一两天时间把整本书读下来,更觉得这本书是很有意思的。书中除了一些生动的案例和细节,还有好多观点很能体现作者的思想深度和悲悯情怀,也不乏一些精彩表述。这里就试着化繁入简,将书中的主要思想概括成几个要点并略作评析。

第一,白人的贫困问题是普遍现象,而不是异常现象。作者认为,贫困是美国经济体系的固有特征,而白人是美国贫困人口中最大的种族群体。有近一半的美国人……他们承受着相同的苦难,却没有被赋予共同的名称,只因为官方对贫困的定义使数以千万计美国人的利益被忽视。作者在书中列举的大量细节让人不得不相信,美国的普通老百姓——不分种族——过得都很不容易,而白人贫困问题更易遭遮蔽和忽视,成为"看不见的危机"。我相信作者所描绘的白人贫困是真的,因为当资本主义发展到更高层次垄断时,少数人的富裕和多数人的贫困并存乃是必然现象,这是马克思主义理论早就告诉我们的。几十年来,人们一直在说"两个美国",如今的美国更是前所未有地分化成"富美国"和"穷美国"。我也很喜欢作者使用的"危机"一词,这是个富于理论力量的概念,能够昭示后果的巨大破坏性。作者提到:"贫穷是美国第四大致死原因。"是的，贫困是会要人命的。

第二，美国贫困的本质是阶级问题，而不是种族问题。作者在书中第八章开头提到，关于白人贫困，"每当有人问'这是个种族问题还是个阶级问题'时，我的回答都是，'两者兼而有之'"。作者这个回答是比较客气的，其本意其实就是想说，这表面是种族问题，实质却是阶级问题，因为美国的"种族"认同以及不同种族之间的认同对抗，完全是通过法律和政策构建出来的。作者在第三章通过大量历史回顾，一针见血地指出，"白人这一身份认同的构建实际上是为了发展烟草、稻米、甘蔗、咖啡和棉花等主要作物的种植，并从中获取利润"，种族"是美国人为自己编造的一种叙事，其目的就是证明对黑人的利用和经济剥削是有益的、正当的，甚至是正义的"；"白人身份认同在很大程度上形成了一种共享恐惧式的文化"。在第三章对于"迷思一"的辩驳中，作者还有好多精彩论述，我阅读时也做了标注评论，很有收获。应该说，在美国政治日益充斥着各种关于种族的政治隐喻的背景下，能把贫困问题的阶级本质点破，并做很好的论证，是难能可贵的。

第三，贫困应该让民众团结起来，而不是内斗。书中第一章末尾的这句话颇为辛辣："美国历史和世界历史一样，也充满了有权势者从穷人手中窃取财富、利用权力挑拨穷人相互对抗，并借此来防止大众反抗的故事。"说得直白一些，美国权势阶层对贫困问题采取的一贯策略就是，把"上下问题"偷换成"白黑问题"和"左右问题"，挑动群众斗群众。作者认为，这是事关美国社会稳定性和政治合法性的重大问题，因此呼吁美国应该进行

"第三次重建"，以便"重寻团结纽带"（第十章的标题）。作者是一名黑人，却在为白人鸣不平，这本身就是一种团结的表达；作者也是个行动主义者，书中列出了其所从事的大量旨在促进团结的社会运动。这些活动的展开是颇具美国特色的，各位读者可以细细品鉴。

第四，反贫困的障碍是缺少良知，而不是缺少资源。该书的另一核心概念是"道德融合"，这也是作者所提的对策建议。作者认为，美国社会的资源足够丰富，解决贫困问题并不卡在资源不足上，而是卡在观念落后上，美国社会需要"道德融合"。坦率地讲，"道德融合"这个概念多少有些抽象，我对其有效性也持怀疑态度。我对此概念的初步理解是，它首先指的是一种"个人性"的功夫，而后指的是一种"道德性"的功夫，并且是一种重在"融合"的功夫，也就是寄望于每个人道德水平的提升，而后在一种共同的社会道德观念下，有权势者能够良心发现，处境不利者能够相互理解，从而从根本上解决美国贫困问题。作者之所以提出这样的解决方案，大概和他的牧师身份有关系。但是，长期研究政治经济学和美国政治的基本经验告诉我，人心教化是必要的，但仅限于此是不够的，更重要的是制度安排。这就是我们看到的很多作品常有的局限性。正确地提出了问题，也透彻地分析了问题，却不能很好地提出解决之道。这不仅是作者的思想局限，更是当今美国整体困境的生动写照。

更有趣同时也略显尴尬的是作者的党派立场。作者在书中有很多对共和党、特朗普和万斯的描写，话里话外都是批评。看得出，作者是倾向于民主党的。作者感觉民主党真心帮穷人，共和党则虚头巴脑。可偏偏就是共和党在2024年大选中获得大胜。当这本书正式面世之时，正值特朗普卷土重来，准备在第二次任期期间施展拳脚、大干一场。特朗普大胜到底是因为什么？是白人贫困问题在政治上产生的必然后果吗？特朗普的再次当选能解决美国的白人贫困问题吗？从思考和研究的角度看，这是很好的议题。不管这本书的局限性如何，都为我们进一步思考这些议题提供了基础。

王鸿刚

中国现代国际关系研究院副院长

推荐序二

自 2016 年特朗普闯入美国政坛以来，中下层白人成为影响美国政治走向的关键群体之一。同样出身贫困白人的 J. D. 万斯于 2024 年当选美国副总统，而他早在 2016 年因自传体畅销书《乡下人的悲歌》一举成名。该书描述了美国阿巴拉契亚山区和中西部"铁锈地带"贫困白人的悲惨经历，被视为理解"特朗普现象"的重要文献。随着特朗普的再次执政，可以预见，贫困白人这个群体还会在未来许多年里继续搅动美国，对他们的理解和研究仍待加强。

万斯的故事无疑令人动容，但其实主要反映了他的非常个人化的经历，而且他对白人贫困问题的见解也比较保守和狭窄。如果要对该问题有更准确的认识，还需要更广阔、深入、客观的视角。威廉·J. 巴伯二世是美国穷人权利的主要倡导者之一，他与乔纳森·威尔逊-哈特格罗夫合著的《白人贫困》一书正好能提供这样的帮助。

白人贫困在美国既是一个老现象也是一个新问题。说它老是因为该现象从美国还是殖民地时期起就一直存在。说它新是因为该问题经常被忽视，近几年才重新进入大众和学术的视野。

虽然美国是当今世界最强大的发达国家，但任何在美国旅行过的人恐怕都曾目睹那里普遍存在的贫困现象，或许还会为之感到震惊。笔者曾在美国30多个州旅行过，并特意深入许多贫困社区。在纽约、费城、旧金山、洛杉矶、芝加哥、底特律、圣路易斯等大城市，随处可见破败的老社区和无家可归的流浪汉。尤其在俄勒冈州最大的城市波特兰市中心，遍地都是流浪汉和瘾君子，而且多为白人。

美国小城市和农村地区的人口构成通常也以白人为主，那里的贫困问题不遑多让。笔者曾乘车经过万斯的家乡——俄亥俄州的米德尔顿。街道两旁的许多房屋都已空置破败，门窗被砸烂，墙上满是涂鸦。米德尔顿北边不远的代顿市是飞机发明者莱特兄弟的故乡，也是重要的工业城市，中国福耀集团仍在那里设厂生产汽车玻璃，但该市已经严重衰败。万斯婚后曾居住在米德尔顿南边的辛辛那提，他把房子买在东部郊区，但老城区却到处可见流浪汉。即使按照美国官方贫困标准，这三个地方的贫困率也都在美国总体贫困水平的两倍左右（2023年美国贫困率为11.1%）。

笔者还访问过犹他州、堪萨斯州、威斯康星州等地的乡村社区。这些以白人为主的地区虽然有不少富裕的农场主，但也有大量被失业、酒精或毒品问题长期困扰的居民。许多乡镇面临严重的财政困难，无力承担基础设施建设、基本的医疗和教育服务。

不过，笔者对美国贫困现象的观察还只是浮光掠影。这本书的作者作为毕生扎根于贫困社区、致力于解决贫困问题的学者与社会活动家，对美国贫困问题的理解和论述远比局外人来得全面深刻。

在书中第一部分，巴伯勇敢揭露了当今美国被普遍忽视的贫困现象，其中许多是他的亲身经历，其不幸程度绝非政府统计数字所能揭示。他提出，白人贫困是比少数族裔贫困更被政府掩饰、公众忽视的问题。作为一个黑人，揭露和研究白人贫困问题，其实需要莫大的勇气，这不仅会招致白人的排斥和敌视，也会被本族裔误解。但也正因为作者的黑人身份，他对白人贫困的揭露才更加透彻客观，他解决贫困问题的行动才更具正义感和政治价值。

在书中第二部分，巴伯竭力批判关于美国贫困问题的四种迷思。这部分非常精彩，可谓振聋发聩。种族问题常被视为美国的"原罪"，也一直是美国最严重的社会问题。这导致许多美国人和外国人很容易以种族的视角去看待美国的一切，不易认识到美国的许多问题是跨种族的，而且每个种族内部存在大量高度差异化的亚群体和个人。更严重的是，美国两党的许多政客都刻意操作种族议题、分裂选民，以谋取个人利益。巴伯用大量证据有力地证明，白人并非铁板一块，也不只有黑人才贫困，不只是黑人才谋求变革，贫困的白人、黑人及其他族群应该而且完全能够团结起来解决贫困问题。

如果说本书的第一部分贵在勇敢，第二部分贵在深刻，那第三部分就贵在崇高。巴伯毕生坚持一个崇高的目标：通过寻求共识来解决美国的弊病。美国太多的政客、意见领袖擅长以炒作议题、煽动选民、制造分裂的方式牟取私利，使得美国的政治极化、社会分裂积重难返。但巴伯拒绝依附于民主党或共和党，坚持在美国社会中凝聚共识。许多人可能认为这不过像水中捞月般徒劳无功，但巴伯在书中以大量切身案例表明，美国社会中有许多潜在共识，需要有能力、有勇气的人去发掘和推动。像巴伯这样执着且促成了许多跨党派、跨族群、跨阶层行动的人，实属少见，令人敬佩。

近年来，论述美国白人贫困的著作已不鲜见。除了万斯的《乡下人的悲歌》，翻译成中文的还有《故土的陌生人》《白垃圾》《无依之地》《白人的工资》等。在笔者看来，与其他书相比，巴伯的这部作品有以下价值和优点。

首先，虽然巴伯在维护穷人利益、推动政治行动时充满激情，但他自己是一位独立人士，政治立场比较中正平和。美国保守派和自由派对贫困问题有截然不同的看法，还会为此展开激烈的政治斗争甚至引起暴力冲突。我们很容易发现，无论在美国还是国内的社交媒体上，许多政治积极分子热衷于表达自己的立场和维护自己的利益。从政治博弈的角度看，激烈的言行或许无可厚非，但如果要想了解真相和解决问题，还得尽可能保持客观理性并寻求大多数人的共识。《白人贫困》不是为任何党派辩护或代言，而是为了揭露真相和寻求共识，从而保证了它拥有相对客观的见解。

其次，巴伯是一位优秀的社会活动家和政治实践者。他非常了解在不同族群、阶层之间凝聚共识、推动集体行动的巨大困难，这使得本书的许多观点具有说服力和实践价值。巴伯也是一位严谨的研究者，他在书中引用了大量学术成果和权威数据作为白人贫困的有力佐证。相比之下，万斯描述的主要是个人经历，而且他写书时尚未深度参与政治。而相关主题的其他作者往往是大学教授，他们对贫困白人社区的短暂田野调查有时缺乏深度，更重要的是他们缺乏实践经验。马克思批判德国唯心主义哲学家，"只是用不同的方式解释世界，而问题在于改变世界"。巴伯不仅深刻揭露了美国的贫困问题，还躬身力行，毕生致力于改变美国贫困状况的"穷人运动"。

最后，对中国读者来说，这部著作有助于我们更全面深入地了解美国。美国有无数光鲜亮丽的方面，也有无数黑暗悲惨的方面。如果我们理解美国时，只注意或执着于某些方面，可能就会像孔子自责的那样，"吾以言取人，失之宰予；以貌取人，失之子羽"。以笔者有限的观察和研究，美国社会的复杂程度绝不亚于我们所熟知的中国社会，而其政治制度、发展经历又迥异于中国。如果轻易以我们自身的经验去"脑补"美国，是相当冒险的做法。即使是长期研究美国或生活在美国的人，对美国的了解也可能存在严重不足。笔者在调研中，曾求教于许多美国的专家学者，他们来自各个族裔，也有不少华人。他们从自身研究或经历出发，对美国的看法不乏精彩独到之处，但也明显能感到他们各执一词，甚至颇有误解和偏见。不论是阅读还是做研究，我们应当提醒自己，尽可能多了解、少轻易下结论，否则就会陷入盲人摸象的困境。巴伯的这本书就让我们对美国贫困问题乃至整个美国社会都有了更准确的认识，相信它也会有益于对这些问题感兴趣的其他中国读者。

付随鑫

中国社会科学院美国研究所副研究员

序　言

这是一本由一名黑人撰写的关于美国白人贫困的书。我之所以要写这本书，是因为在我看来，长期盘踞在美国人脑海中的那种只有黑人母亲才会领取福利的种族主义形象，不仅仅是对黑人的贬低，还建立在一个掩盖了事实的迷思之上。这一事实就是：美国有数千万白人同样深陷于贫困之中。除非我们直面美国白人的贫困现实，否则我们永远无法真正理解这个人类历史上最富有的国家持久存在的不平等，以及这种不平等到底有何真正特殊之处。

我写这本书的目的，就是希望美国能够正视其真实的贫困人口组成，并认识到这些穷人中的大多数都是白人。

我们很少能够直面这一基本事实，原因在于美国存在一系列根深蒂固的迷思。人类无法关照到目之所及的一切，因此学会了把注意力聚焦。迷思就是那些告诉我们应当聚焦于什么的共同叙事。在古代，当天然的风险潜藏于村庄的边缘，人们会讲述森林怪物的故事，以使所有人将注意力聚焦于潜在的威胁。当航海民族的远航船只无法归航时，他们便创造出神话，宣称深海中潜伏着能够吞噬全部船员和货物的怪物。人类利用迷思来帮助后人关注那些可能会被忽略的威胁，从而得以延续。迷思训练了我们的专注力，但同时也蒙蔽了我们的视线。为了正视那些被我们刻意忽略的现实，我们必须抛弃曾经主宰我们过往历史的众多迷思。

詹姆斯·鲍德温曾说："直面现实并不见得能够改变现实，但如果不直面现实，则改变根本无从谈起。"[1] 我希望美国正视白人贫困的现状，因为我知道改变是有可能发生的。尽管困难重重，但我对此坚信不疑，因为我对自己有着清晰的认知。

1963年8月28日，华盛顿特区爆发了大游行，我便出生在这次游行的两天之后。我的母亲总是说，她在游行时便开始出现产前阵痛，但我兴许是想多观察一下事件的进展，所以两天之后才呱呱坠地。游行那天，包括黑人和白人在内的25万人涌入了国家广场，一场要求变革的群众运动就此蔚然兴起。正如马丁·路德·金在那天的演讲中所说，美国再次把对平等的承诺变成了一张空头支票：黑人儿童为了抗议他们的二等公民身份走上街头，却被消防水龙冲翻在地，并遭到警犬的袭击。年轻的约翰·刘易斯在演讲中明确表示，这场运动不仅要争取公民权利，还要为那些"领取微薄工资或根本没有工资"的人争取经济正义。

两天后，在印第安纳州印第安纳波利斯的一家医院里，我父亲反对在我的出生证明上写上"黑人"这个似乎旨在将我分门别类的词语。他绝非以身为黑人为耻。我的父亲和母亲都积极参与民权运动，他们向来为自己身为黑人而感到自豪，为黑人为美国和世界所做的贡献而深感骄傲。

我父亲坚决要求我永远不要否认自己的任何一部分。是的，我是黑人。但这并不是我的全部身份。我们家族的血统源自印第安人中的塔斯卡罗拉部落、自由黑人以及眼睛蓝得像大西洋的欧洲裔祖先。想当年，来自欧洲的定居者和我们被奴役的非洲先祖跨越大西洋来到了美洲，并逐渐与当地人融合。所以我父亲绝不愿让政府说我只是一个"黑人"。他知道，在美洲大地上那些相互交织的血脉早已在我的基因中构建了三重纽带。我们不是一个二元分化的国家，不能简单地非"白"即"黑"。

但我确信，从国家的角度看来，我们的确已经迷失了自我。巴拉克·奥巴马当选后的茶党兴起，以及保守的唐纳德·特朗普和"让美国再次伟大"运动在共和党内的崛起，致使政治评论家们纷纷断言，我们的国家已经比以往任何时候都更加分裂。从某种意义上来说，事实的确如此。我并非对现实视而不见，只是一些贯穿于我们历史始终、被用于分裂我们美国人的古老迷思，如今正在被进一步放大，而导致这一结果的不仅仅是政治竞选活动，还包括24小时循环播放的有线电视新闻、社交媒体、由企业和亿万富翁资助的活动人士，以及那些决心消灭"政治正确"的傲慢校董。

尽管为了博眼球，这些异曲同工的争斗每次都被披上崭新的外衣，但有近一半的美国人，因为共同的贫困经历，不分种族、信仰以及地域地团结到了一起。他们承受着相同的苦难，却没有被赋予共同的名称，只因为官方对贫困的定义使数以千万计美国人的利益被忽视。我们固然看到了一些关于贫困的报道，但这些报道都严重低估了美国人的贫困程度。有太多的美国人正深陷困境之中，不知道如何才能够把日子维系下去。

因此我主张，我们必须重新定义贫困，以便真实反映美国人民所面临的危机。我们目前用来描述美国贫困的数字和语言都是谩辞哗说。事实上，这是一种彻头彻尾的谎言。我们的公共生活最可恶的一点就是我们谈论贫困的方式：在我们眼里，贫困仿佛只是一种异常现象，而实际上它已经构成我们经济体系的固有特征之一。

尽管美国的GDP（国内生产总值）和股票市场指数在几十年里持续增长，但在过去的半个世纪，大多数美国人的实际财富水平却在持续下降。2016年，美国没有一个县的全职劳动者能仅凭最低工资租住到一套简单的两居室公寓。[2] 这就是贫困，而我们早该要求政府承认这一现实，扩大对贫困的定义。

在本书中，当我谈论贫困时，我指涉的是所有生活朝不保夕的美国人。身陷困境绝非他们的主动选择，而是我们国家持续的错误决策所导致的。为了尽可能准确地依据现有数据做出描述，我在本书中会经常使用"贫困和低收入群体"这一技术性术语。后续我会对此做出更详细的解释。

当务之急是要明确，贫困在美国绝非一种孤立现象。事实上，贫困在美国无处不在。黑人和棕色人种无疑深受贫困之苦，但还有一个关乎美国不平等的基本事实经常被视而不见：白人才是美国贫困人口中最大的种族群体。

白人贫困说的并不仅仅是那些在高速公路出口乞讨的女人或睡在宾夕法尼亚车站的男人。它也包括那位在收银台帮你把东西装袋的母亲，这位母亲发愁的是，如果把钱拿去修她那辆唯一的代步汽车，她要用什么来养活自己的孩子。它还包括那些有工作但每月收入不足以支付房租和偿还学生贷款的大学毕业生、建筑工地上那些没钱给自己和家人购买医疗保险的日结工，以及那些生活在支持所谓"工作权"①的州，却不得不在买药治病和交房租之间做出抉择的仓库工人。它同样包括所有貌似有自己的工作和生活，却仍不得不经常睡在车里或在朋友家洗澡的数以千万计的美国民众。

从对阿片类药物滥用危机的关注到对农村社区"绝望致死"的报道中，我们多少能窥见贫困对美国白人的影响。但每当我们聚焦于大城市市中心贫民区药物滥用问题和阿巴拉契亚地区药物滥用问题之间的联系时，关注贫困对亚利桑那州的美洲原住民儿童以及对西弗吉尼亚州、印第安纳州或纽约上州的贫困白人儿童的影响时，我们似乎总会不可避免地被另一套叙事侵扰。依据这种叙事，穷人是自身困境的最大责任人。即使贫困者是白人，他们也会被指责陷入了所谓的"贫困文化"，而这种文化通常被认为是黑人、棕色人种和美洲原住民社区陷入贫困的一项主要原因。依据这种迷思，贫穷都是穷人自己的错。

然而，这种将黑人的贫困归结于黑人本身，而骂白人贫困者

---

① 美国的一些州允许劳工无须加入工会也能从事某些工作，即赋予劳工所谓的"工作权"。——译者注

是"废物"的迷思①，一旦遇到如下事实便开始土崩瓦解：在美国，贫困和低收入的白人数量是贫困和低收入的黑人数量的两倍以上。政客有时将贫穷的白人称为"劳工阶级"或"渴望成为中产阶级的人"，但当我们把他们与所有其他贫困和低收入的美国人放在一起观察时，就会发现贫困是一个正在侵蚀我们共同生活的毒瘤。是的，种族主义依然存在，并导致有色人种社区有着更高的贫困率。但是，把黑人的贫穷归咎于黑人本身的谎言，也让我们忽视了白人贫困家庭所承受的痛苦。在一个所有美国人的工资都近乎停止增长，住房、医疗、教育和交通成本却在急剧上涨的时代，所谓的"白人"身份和各种发表在网上的泄愤言论并不能让这些贫困者的日子更好过一点。

据我观察，贫困已经导致数百万美国白人遭到孤立。但抛开那些指责白人需要为自己的困境感到羞耻并忍气吞声的迷思，我相信贫困也有希望成为一种团结的力量。它可以让白人彼此团结一致，也可以让白人和其他数以百万计的穷苦友邻团结在一起。他们包括办公楼的保洁人员和公立学校的校工、采摘农产品并将其摆上超市货架的工作人员、打包商品并将其送到我们家中的快递服务人员，以及那些帮双职工家庭照顾孩子和年迈父母的保育员和护工。在一个公众过分关注分裂问题的时刻，共同的贫困经历反而有可能把大众聚集起来，发起一场真正的变革运动，而呼吁团结并推动变革，正是本书的主旨所在。

---

① 美国人对白人和黑人的贫困有着细微的认知差别：将黑人的贫困归结于黑人本身，是认为黑人这个种族天生存在缺陷，是一种典型的种族主义思维；骂白人贫困者是"废物"，则是在指责这些人不够努力，怒其不争，更多的是从阶级的角度去看待其贫困问题。——译者注

美国地图上那些由红色和蓝色代表的各县选举结果[1]，会影响政府通过立法来解决贫困问题的能力。但地图上这些颜色所呈现的，仅仅是在某一特定选举中被计入选票的大多数人。那些由服务于大公司利益的反动极端分子控制的地方，与其说是"红色"县，不如说是缺乏组织的县。这些县的最大选民群体既不是共和党人，也不是民主党人，而是那些往往不去投票的贫困者和低收入者。这些人之所以不参与选举这一政治程序，并不是因为他们没有意识到问题所在。问题在于没有人愿意代表他们发声，而且为了维持生计，无论是护士、工厂工人、女服务员还是房屋油漆工，在11月的第一个星期二[2]这一天都得去上班。

无论如何，以红蓝两色来展示各地选举结果的地图，证明很多美国人已然接受了关于国家分裂的叙事。这种叙事是彻头彻尾的迷思，因为它不过是用于强化讲述者的价值观。我们需要一种更好的叙事来讲述我们是谁以及我们想成为谁。作为一名黑人民权和道德领袖，我曾受邀参与由贫困白人领导的、发生在全美各地的斗争，这本《白人贫困》正是根据我的亲身经历写作而成。但这本书并非由我一个人写就。25年前，当我还是一名年轻的牧师和社区活动家时，我结识了乔纳森·威尔逊-哈特格罗夫，一位来自北卡罗来纳州山区的年轻白人男子。我们之间的友谊让我获得了一种我称之为"道德融合"的体验。基于道德融合，

---

[1] 美国的选举主要是在共和党和民主党之间展开，在地图上，美国媒体通常以红色标注共和党取胜的选区，以蓝色标注民主党取胜的选区。——译者注
[2] 美国选举年的11月第一个星期二是总统选举日。——译者注

我们有望构建出一个多种族的民主社会，所有身处其中者都将拥有获得充分发展的可能性。稍后我会更详细地解释这一概念。另外，在本书的后记部分，我还会请乔纳森现身说法，让他亲自讲述更多关于他自己的故事。

2020年夏天，在乔治·弗洛伊德被明尼阿波利斯的警察公开杀害后，美国经历了历史上最大规模的种族正义示威活动之一。[3] 我们看到各个种族的民众聚集到大小城镇的街头，决心改变压迫黑人的白人至上制度。但与此同时，我们也目睹了愤怒的反弹情绪的出现，这些力量妖魔化反种族主义，禁止各种书籍，并试图在支持"黑人的命也是命"这一基本主张的广泛人群之间制造分裂。

我知道，在这样一个敏感时刻，一个继承了黑人长期争取自由斗争传统的黑人却要写一本关于白人贫困的书，这多少会让人感到奇怪。我的一些朋友担心，由一个黑人揭开白人贫困的面纱，可能会在某种程度上削弱解救黑人于苦难的紧迫性。但我反而认为，这实际上是一种增强紧迫性的好方法。我探讨白人贫困，是为了以此表明，黑人群体固然存在很多问题，但我们并不是问题的根源所在。其他人群也面临着和我们一样的挣扎，试图单独打这场仗是没有意义的。我们早就该联合起来，停止彼此之间的对抗。我们生活在一个大多数人都难以维持生计、无尽财富越发集中于顶层少数人手中的社会，我们需要与任何能够看清这一现实的人联合起来。

我也充分理解，白人完全有理由质疑那些特意把"黑人"

的英文首字母大写，而不把"白人"的英文首字母大写的人。①谁能保证一个写白人贫困问题的黑人不会想看到局面逆转，让黑人占据上风？在这本书中，我解释了为什么在我看来，我们所有人都需要重新思考我们真正的身份归属。美国的种族问题给我们带来了一系列旨在分裂我们的迷思。许多白人都拥有丰富的身份认同，但这些身份认同往往不是源自肤色，而是源自家族、地域、文化习俗和其居住的社区。我遇到过的阿巴拉契亚人、奥基人、阿卡迪亚人和中西部农民都有强烈的自我身份认同。这些具体的身份认同都要比简单的白人身份认同更为厚重（在英语里，阿巴拉契亚人、奥基人、阿卡迪亚人和中西部农民的首字母也都是大写的）。事实上，"白人"是一种人为制造的虚假身份，其目的不过是把那些实际上并无太多共同点的人聚拢起来，然而这种身份认同背后的经济和政治体系并没有真正服务于他们中的大多数人。

我之所以要把"黑人"和"原住民"的英文首字母大写，是因为它们代表了在抵制迷思实践中发展出来的一些共同的文化。许多白人群体也形成了自己的抵制迷思的文化。在殖民时期的佛罗里达州，拥有英国血统的定居者被称为 Craquero，他们从事牧牛的工作，一直受西班牙地主的歧视。就像世界历史上其他受压迫的人们一样，他们中的一些人接受了这个本具有

---

① 20世纪60年代，美国的黑人民权运动人士为了凸显黑人群体的政治意识及文化认同，开始主张把黑人的英文单词 black 首字母大写，但他们认为白人并无共同的历史和文化认同，因此并不主张将白人的英文单词 white 首字母大写。后文提到的将原住民的英文单词 native 首字母大写也是表达相同的意思。——译者注

侮辱意味的词，开始骄傲地自称Cracker①。同样，在阿巴拉契亚地区的"红脖子"也是如此。"红脖子"最初是一个贬义词，专门用来形容那些因在户外劳作，脖子经常被晒伤的贫苦白人劳动者，后来指代与矿业公司进行斗争的煤矿工人，他们都戴着红色的头巾，以示团结。今天谈到"红脖子"时，大多数人都不会记起，虽然当年大多数矿工是白人，但其中也有一些黑人。我的外祖父既是一位圣洁的传教士，也曾经是西弗吉尼亚州的一名黑人矿工，在"煤炭战争"②时期，他和白人矿工曾携手在布莱尔山之战中尝试组建工会，并因此遭到袭击。

　　当我停下来，反思先人留给我的各种经验教训时，我意识到，号召大众正视白人贫困，拥抱一种能够团结所有种族的穷人和劳工的身份，乃是当下最为重要的一项任务。美国不平等的根本结构仍然被笼罩在当年种植园主向贫困欧洲移民所灌输的迷思之中。那些种植园主试图让贫穷的欧洲移民相信，允许前者拥有奴隶的法律最终会为后者带来好处。虽然在这个国家的每一代历史中，都有霍雷肖·阿尔杰③式故事来维系这种迷思，但白人贫困仍然是揭露这些谎言的一项有力真相。于是我写了《白人贫困》这本书，因为我知道真相可以使我们获得自由。只要我们能够直面美国独特的不平等的现实，我们就可以设法找

---

① Cracker 一词现已进入英语词典，意为美国南方的贫苦白人。——译者注
② "煤炭战争"指19世纪90年代至20世纪30年代美国发生的一系列煤矿工人与反对工会的煤矿主（及其支持势力）之间的武装冲突。后文提及的布莱尔山之战作为上述武装冲突的一部分，发生于1921年，激烈程度达到顶峰，美国陆军甚至也参与进来。——译者注
③ 霍雷肖·阿尔杰是19世纪下半叶的美国畅销书作家，其作品主要讲述的是穷孩子逆袭取得成功的故事。——译者注

到有能力改变它的人。真的，除非我们能够正视问题，否则一切都将无法改变。我之所以写这本书，正是因为我正视了白人贫困的问题，并且遇到了一群能够帮助我们建设一个更美好国家的人。

我也想让你认识他们。

威廉·J. 巴伯二世
康涅狄格州纽黑文
2023 年 9 月

[PART ONE]

直面贫困

第 一 部 分

第一章

看不见的危机

我正坐在教会的书房里,我已经在这做了30年的牧师。一位执事敲响了我的门。

"牧师,您有时间吗?"

"进来吧。"我说。

"我们这来了一位年轻女士,她问我们能不能帮她交一下电费,总共50美元。"执事说。

《圣经·新约》讲述了教会的起源,并明确执事一职的责任是为早期的基督教社区提供服务,以确保那些最脆弱的群体能够得到所需要的帮助。在北卡罗来纳州东部的一个军事城镇,这位退休的黑人正在履行着由几千年教会传统赋予他的使命——他正在帮助我们的社区,照应《圣经》中所称的"孤儿寡妇"。

"是谁?"我问。他告诉了我她的名字。

"我们帮她交了吧。"我回答道,并马上着手了解如何能够在电力公司切断她家的电源之前把她欠的电费交上。我在这里担任牧师也不是一天两天了，我知道社区的居民若非走投无路，是断不会向教会求助的。

"可是，牧师，"这位执事插话道，"您说我们是不是也应该做点什么帮她找份工作？"他无法想象一个有工作的人会落入交不起电费的境地。但我了解这位女士，她打着两份工，却仍然只能勉强维持生计。最近她的那辆破旧的汽车意外爆胎，更是令她的财务状况异常窘迫。对她而言，换一整套新轮胎简直是一笔难以承受的开销。

这位执事是个心地善良的好人，但那天在书房里，我意识到他并不了解教会让他去服务的那些穷人。这并不是他个人的失责。相反，这是因为共同的迷思限制了大多数美国人对贫困的理解。作为一名牧师，我认识到，如果不能学会理解那些我们不了解的力量以及被这些力量隐藏的人，我们的教会就无法履行被赋予的使命。

对我们的社区来说如此，对整个美国而言亦然。作为一个整体，我们根本就没有理解贫困，自然也无法解决这一危机。我热爱美国，但越是随着年龄增长，我就越是为一项关乎这个国家的基本事实所困扰：我们总是被一重又一重的谎言分散了注意力，从而无法解决那些本可以解决的问题。我选择直面白人贫困，原因与我劝诫那位执事和我所牧养的会众是一样的：只有正视美国的贫困，我们才有可能齐心协力终结这一危机。然而，要想认清贫困的本质，我们需要先对现有的视角进行彻底的重新审视。

《圣经》是我的想象力之源，依据其义，先知的职责之一就是呼吁国家关注那些已经被习惯性忽视的人。先知耶利米生活在古代的以色列，当时的领导人忘记了他们对穷人负有的责任，弱势的民众都被逼至社会的边缘。耶利米宣称："他们从最小的到至大的，都一味的贪婪。从先知到祭司，都行事虚谎。"⁴ 在耶利米时代，整个社会弥漫着一种令人漠视他人痛苦的迷思。"从最小的到至大的"，这些谎言扭曲了每个人的现实。耶利米意识到，唯一的希望是有人能够看清正在发生的事情，并站出来说出真相。他说他受到召唤，要成为那个"守望者"①。

现如今，守望者虽然已没有制定政策或管理公共防卫资源的权力，但仍会密切关注事态发展，并尽其所能地去理解问题实质。当守望者发现某些事情可能会对整个社会构成威胁时，他会发出警示，以引起人们对危机的关注。

和耶利米一样，我心心念念的是我在全美各地遇到的贫穷民众。就像我们教会里那位前来寻求帮助的女性一样，很多人都会敞开心扉，对他们自己的故事娓娓道来。从西雅图的郊外到西弗吉尼亚州的偏远地区，从旧金山的田德隆区到纽约州宾厄姆顿的街道，从肯塔基州东部的山沟到堪萨斯州的农田，美国的穷人邀请我走进他们的生活，分享他们的故事。他们并没有要求我为他们纾困。他们明白，美国的贫困危机远不是一个人或一个组织所能解决的问题。一次又一次，他们只是邀请我去观察和了解。他们恳请我不要忘记他们。

他们以自己的方式召唤我成为一名守望者。《白人贫困》这

---

① 本书中的"守望者"即《圣经》中"守望的人"。——译者注

本书，就是我试图呈现我所见所闻的一次尝试。在这本书里，我希望以一种直接的方式讲述贫困者的故事，让大家能够清楚地认识到他们每天都是如何在为生存而斗争的。

根据联邦政府的数据，美国有近 4 000 万贫困人口，占美国总人口的 11.6%。[5] 在有史以来最富裕的国家，竟然有超过 1/10 的人口生活于贫困之中，这绝非一件微不足道的小事。然而，整个美国社会似乎已经接受了以我们构建的叙事来解释这一数字。但这些叙事根本不是事实。

我们对贫困的低估，表现在我们将贫困视为一种正常的社会现象，而没有将贫困视为我们在确保全民应享有自由、公正方面的一种集体责任缺失。我们教堂的那位执事想当然地认为，一个人若在月底时手头拮据，那她肯定是在某些方面没有做对，他没有想到的是，其实是我们整个社会辜负了她。要是有工作的话，她怎么可能陷入贫困？"从最小的到至大的"，我们都变成以这种方式看待贫困的人。我们的视角已经被各式各样的谎言扭曲。

我们一旦接受这些谎言，也就相信了那些认为生活在贫困中的人要么懒惰，要么是在为自己的错误选择承担后果的迷思。在这种叙事的某些版本中，人们会对穷人抱有怜悯之心，并出于对穷人的同情而为其提供心理健康治疗、就业准备计划、品格发展计划或者通往"机会"的特定途径。然而，在如上每个版本的迷思中，穷人都是只占一小部分的少数群体。无论我们是否意识到，这些迷思都在试图让我们将贫困和黑人群体联系在一起，而同样属于贫困和低收入群体的白人却通常自视为"劳工阶级"。

为了让我们大多数人能够持久地相信贫困只是少数人的问

题，而这些人的困境应该归咎于他们自己，我们所认定的贫困必须保持在相对较低的水平。由我们的官方贫困衡量标准（简称OPM）所确定的那11%左右的人口就是我们所说的穷人。当政府机构评估脱贫计划的有效性时，他们依据的就是这些数据。当记者报道经济变化如何影响穷人时，他们讨论的就是这些人。即便是为穷人发声的那群人也经常引用这些数据。然而，事实上，生活在贫困线边缘的人要远多于我们政府所说的那4 000万美国"穷人"。

根据美国政府的官方贫困衡量标准，年收入达14 000美元的个人和年收入达28 000美元的四口之家都不会被计入贫困人口。但你可以试试，在今天的美国，你每月能不能仅依靠1 167美元生存下来。如果你能以800美元的价格租到一套单间公寓（在美国的许多甚至是大部分地方，这都是一项越来越艰巨的挑战），那么你剩下的钱就只够支付基本的水电费。这样你就没有钱支付食品、医疗、交通或其他生活必需品。仅仅是为了吃饭或开车上班，你就可能需要透支下个月的房租，要不然，你就得舍弃尊严，去当地教堂借50美元来支付电费。如果没有家人或朋友的支援，你一个月后就会无家可归——但根据官方贫困衡量标准，你仍然不算"贫困"。在美国的城市里，我遇到过好些同时打几份工，而且经常连班工作的人，他们的收入能达到官方贫困衡量标准的两倍，但他们晚上仍然只能睡在车里，因为他们无法在支付其他生活费用的同时再负担房租。

事实是，我们的官方贫困数字掩盖了美国这个世界最大经济体的贫困现实。官方贫困衡量标准是一项以20世纪60年代基本生活必需品的相对成本进行测算的过时指标。当年，美国政府希望找到一种方法，以确定哪些人有资格获得脱贫计划的资助，社会保障管理局的一位名叫莫莉·奥珊斯基的经济学家估算出，一个家庭的最低整体生活费用大约相当于他们在食物上花费的三倍——在当时，这个公式被证明是相当准确的。[6]通过跟踪不同规模家庭的最低食物预算成本，政府一直在持续更新官方贫困衡量标准。

然而，尽管过去近60年里美国的住房、交通、医疗保健、儿童保育和教育的成本大幅上涨，但我们衡量贫困的方式并没有与时俱进。自20世纪60年代以来，一加仑①牛奶或一打鸡蛋的价格大约上涨至原来的4倍，而美国的房租中位数增加至原来的16倍多。由于我们仍使用过时的标准来评估贫困，我们常常以为贫困只会影响到一小部分未能抓住国家经济繁荣所提供之"机会"的人。这种定义贫困的方式使我们无法认识到，美国的经济增长实际上并未惠及我们中的大多数人。

事实上，今天美国的收入和财富不平等程度几乎已达到了有史以来最严重的地步。美国有超过1 900万租房者需要将其有限收入的30%以上用于付房租，[7]有60万人无家可归，还有数百万人徘徊在无家可归的边缘，[8]他们想尽办法应付各种逾期的账单，以避免被扫地出门。这就是为什么几乎在美国任何一个城镇，你都可以在当地沃尔玛停车场的一角发现一堆无家可归的人，他们会把车停在那里，在车里睡觉过夜。如果你稍留意这些车辆就会发现，你其实也会在当地学校的接送区、在你购物场所的停

---

① 1加仑≈3.785升。——编者注

车场，甚至在你所在的教堂、寺庙或清真寺遇到他们。

如今，美国有63%的劳动者靠薪水只能勉强维持生计。[9]经通货膨胀调整后，美国普通劳动者的周薪比50年前少了54美元。[10]考虑到过去50年里我们在科技领域取得的所有惊人进步（或者至少被公认为是进步的东西，例如计算机、机器人、人工智能等）以及劳动生产率的大幅提高，我们其实很难理解，为什么到头来，美国普通劳动者如今的实际周薪竟然比1973年还低。这怎么可能呢？答案就在于，过去半个世纪，几乎所有的经济收益都流向了社会顶层人士，而不是普通劳动者。

在21世纪初，美国85%的总财富掌握在20%的人手中。与此同时，有整整40%的美国人没有一分钱的净资产。2/5的美国人背负着沉重的债务，为了支付早已逾期的账单，他们每天都像过去南方的佃农一样辛勤劳作。但是，当研究人员询问美国人对当前财富分配水平的看法时，我们发现，人们对美国社会的极端不平等状况并没有清晰的认识。大多数人会高估自己最贫穷的邻居的净资产水平，同时会低估最富有的美国人所掌握的财富。在一项又一项研究中，研究人员都有着同样的发现：美国人看不清我们这个时代的危机。

自20世纪60年代中期奥珊斯基提出官方贫困衡量标准以来，美国最富有的1%群体的财富翻了一番，而全美家庭的官方贫困率却仅出现了略微波动。2023年，美国最富有的1%群体所拥有的财富超过了美国近80%的人口所拥有的财富。[11]这种倾向于社会最顶层的极端财富再分配方式掏空了中产阶级，导致近一半的美国人陷入难以解释的困惑之中：为什么每月的开支像一列失控的火车一样压得他们喘不过气来？

就像耶利米时代的公众领袖一样，美国的政客竭力避免提及这场困扰着近一半选民的危机。在过去的半个世纪，那些有头有脸的共和党人总是将责任归咎于穷人，并不断地重复那些暗示穷人不是遇到了问题而是问题本身的迷思。反观民主党人则试图以"渴望成为中产阶级的人"这样的委婉说法来避免谈及穷人。与此同时，那些入不敷出的人则并不确定是否有人会关注到他们。如果一家人都睡在小面包车里，并只能靠一份低薪工作度日，那么他们算是"劳工阶级"吗？如果这些人只能在工厂里和其他轮班的工人共用一张床铺，那么他们也算"下层中产阶级"吗？

为了更准确地了解当今美国的贫困状况，[12] 一些研究人员提出了这样一个基本问题：如果这个月发生了一笔400美元的意外支出（例如突然需要去看病或修车），哪些人会因此无法承担他们的每月基本开支？想想那位向我们教会寻求帮助的姐妹对爆胎的恐惧。我们如果从实际需要的角度来看待贫困，就会发现，美国有1.4亿人，也就是43%的人属于贫困和低收入群体。这就是我在这本书中所采用的对贫困的定义。这些数据反映了我作为一名美国守望者所见到的现实。

如果将这1.4亿美国贫困和低收入群体进行细分，[13] 我们会发现，其中有2 400万是黑人，这占到了美国全部黑人的60%。这一沉重的数字反映了种族主义在美国生活中的持续影响，此外，原住民和拉丁裔社区的贫困人口比例也与之相似。然而，当你再细看关于贫困和低收入群体的统计数据时，会发现其中竟然有6 600万白人，这一数字几乎是这一群体中黑人数量的3倍。

大多数人没有认识到，贫困是一场影响着近一半美国人的"流行病"。

而且，从来不会有人告诉你，白人才是美国穷人中的大多数。

我之所以对白人贫困问题发出警示，是因为我深信，只有我们理解了贫困对那些被迷思蒙蔽的、貌似享有特权的白人的影响，我们才能够揭露美国贫困的独特之处。

从我出生之日起，我的父亲就坚决要求我认清自己的所有身份。在我成长过程中，他还不断教导我，无论在哪里面对不公正的事情，我们都必须敢于挺身而出。我父亲是一位牧师，他相信如果不努力践行"传福音给贫穷的人"这一教义，就不可能真正跟随耶稣。我记得小时候，我曾跟随他去拜访住在北卡罗来纳州东部小棚屋里的一个贫困白人家庭。我早已不记得我父亲和他们谈论了什么，但我永远不会忘记在他们厨房的角落看到一堆空狗粮罐。他们家有七八个孩子，但没养一只狗。

当我们看不到受苦者的绝望时，我们便会向他们施暴。与此同时，我们也在让自己所处的社会变得更加暴力，而这将我们所有人都置于危险之中。一个无视我们6 600万白人兄弟姐妹的政府，也必然会毫不犹豫地无视我们的黑人、原住民和拉丁裔兄弟姐妹的需求。作为美国穷人的守望者，我得出一个结论：除非我们促使这个国家正视白人贫困问题，否则贫困问题将永远得不到真正的重视和解决。

守望者唯一能做的事情，就是告知民众其所目睹的危险并发出警示。在古代以色列，耶利米因社会的不公和人民的苦难而在公共广场上流泪痛哭。我越是看清美国的贫困，就越是忍不住要大声疾呼。

2017年，联合国贫困问题特别报告员菲利普·奥尔斯顿对美国进行了考察，在之后撰写的报告中，他指出了美国的贫困率在全球主要经济体中高居首位这一独特现象。[14] 他访问了许多我在过去 10 年间也曾到过的地方。报告完成后，我和他在联合国会面，讨论了为什么在美国这个世界上最富有国家，贫困仍旧是一个无法破解的难题。我们一致认为，问题不在于美国不知道如何减贫。亚洲、欧洲和中东发达国家的贫困率都远低于美国，而我们顶尖的社会科学家会定期撰写经过同行评审的研究，介绍世界各地成功的减贫政策。问题也不可能是美国缺乏资源：我们是世界上最大的单一经济体。当我们想发动战争时，我们可从来不会囊中羞涩。当国会决定救助银行时，也可以说到做到。

奥尔斯顿和我都认为，我们所缺乏的是良知。大多数美国人没有认识到问题的严重性。我们不知道日益加剧的不平等会如何削弱我们的民主体制。而且，由于我们未能准确地认识这场危机，我们就无法形成共识，也无法认定贫困是一场必须根除的灾难。奥尔斯顿告诉我："我不是宗教人士，但这听起来像是一个上帝级别的问题。"

古代先知提醒我们，当人们无法认清问题时，守望者必须发出警示。然而，在贫困危机面前，我们的道德领袖却出奇地沉默。尽管《圣经》谴责忽视贫困者和弱势群体的罪行，尽管耶稣布道的第一条就是"传福音给贫穷的人"，但皮尤研究中心在对近 50 000 篇布道文进行研究之后发现，"贫困"和"贫穷"并不是美国布道坛上的常用词语。[15] 就在我们每个城镇最需要守望者的时候，我们的道德警报系统却失灵了。

但只要我们仔细聆听，就能听到美国先知的声音在历史的长廊中回荡，而且时至今日，这些声音仍在召唤着我们。这让我想起那遥远的1968年，当时，来自不同背景的贫困者联合起来，发起了一场旨在为全美人民实现经济正义的"穷人运动"。[16] 农村黑人社区的民权工作者注意到，午餐桌上的去种族隔离运动对那些吃不起饭的人来说并无多大意义。他们指出，贫穷挨饿的不仅仅是黑人，还有阿巴拉契亚山脉和路易斯安那河口地区的白人家庭，城市中心的福利权利倡导者和加利福尼亚葡萄园的奇卡诺①工人，以及仍为在故土上的生存权利而战的阿帕奇族人和纳瓦霍族人。在马丁·路德·金博士前往田纳西州孟菲斯支援那些为争取改善工作条件而罢工的环卫工人之际，这些来自不同背景的贫困群体逐渐联结为一体。当刺客的子弹在孟菲斯洛林汽车旅馆的阳台上射穿金博士的脖子时，这场要求美国正视其贫困问题的运动也渐成声势。

1968年4月，金博士下葬。仅仅两个月之后，他的遗孀科雷塔·斯科特·金便前往华盛顿特区，参加了那个6月里最大规模的一场"穷人运动"集会。作为一名训练有素的歌手，她以一首歌曲作为其演说的开场。"有人在受苦，主啊，请来这里。"她一边唱着，一边将目光投向国家广场上那数以万计的穷人示威者。他们在广场上搭起了连成片的帐篷，并希望以此唤起同胞对他们苦难的重视。

金夫人正承受丧夫之痛，但她通过古老的灵歌找到了一种方

---

① 奇卡诺是指有墨西哥血统的美国人。——译者注

式,将自己的痛苦与数百万美国人的苦难联系到了一起。这数百万人中甚至包括了那些被谎言蒙蔽、认定她丈夫是试图摧毁美国的激进主义者的美国贫穷白人。是的,她的家人遭受了致命的暴力袭击,这种暴力甚至在射穿她丈夫的身体之前,就已经激起了数百万美国白人的仇恨。但凭借先知般的同情心,科雷塔·斯科特·金找到了善用这种暴力的方法,并借其将她和其他穷人联结起来。

"我必须提醒你们,让孩子挨饿是暴力。" 1968 年 6 月 19 日,她对参加"穷人运动"团结日集会的人群说,"忽视孩子的教育是暴力。惩罚母亲和她的家人是暴力。歧视劳动者是暴力。让人民住在贫民窟是暴力。忽视医疗需求是暴力。漠视贫困也是暴力。"[17]

就像耶利米和之前其他的守望者一样,金夫人能够打破那些让很多人对美国穷人视而不见的迷思。种族主义暴力夺走了她的丈夫,但并没有剥夺她与贫困的白人劳工阶级建立团结的能力。早在 1964 年,她的丈夫就说过,"尽管肤色不同,但白人也会遭受贫穷的剥削和羞辱。尽管没有背上被歧视的显著污名,但他们也同样受到了歧视的重压"[18]。事实上,贫困的白人本可以和黑人共同构建一个能够重建美国的政治联盟,终结贫穷给我们所有人带来的羞辱,然而这些白人却把歧视的枪口对准了黑人。当我们的先知跨越种族界限,要求整个国家看清贫困的真面目时,他们也是在揭露那些用来持久分化我们的迷思。

在充斥谎言的时代讲真话,这本身就是一种革命行为。但这并非一种独创,而是古已有之。所有推动美国朝着成为更完美联邦的目标前进的运动，都依赖着守望者的努力。守望者就是那些认清了现状并发出警示的人。认清了贫困危机的本质而不发声，就等于是在参与掩盖贫困的迷思。这就相当于在延续金夫人所明确指出的那些暴力。

当我们最终看清美国贫困的真正危机，不再被古老的迷思蒙蔽时，我们不仅有机会将穷人视为真正的人，还学会将自己视为正在进行的美国民主试验中的道德主体。是的，美国历史和世界历史一样，也充满了有权势者从穷人手中窃取财富、利用权力挑拨穷人互相对抗，并借此来防止大众反抗的故事。

不过，这并不是唯一的故事。我们的历史中还有很多梦想平等、争取自由并通过团结昔日敌人来共同建设更美好世界的人，我们同样也继承了他们的传统遗产。如果我们想改变白人贫困迫使我们面对的现实，我们就必须把注意力转到这一遗产上来。

第二章

道德融合：向更高处迈进

在美国南方夏末的清晨，朝阳在地平线上冉冉升起，背后有一层如厚重毯子般的雾霭笼罩着大地。在我从小长大的北卡罗来纳州东部，为了避开夏日午时的酷热，我们常常需要一早就跑去地里采摘烟草。但到了 8 月，正午骄阳释放出的热量会被浓厚沉闷的空气给锁住，即使到了晚上，天气也丝毫不见凉意。夏末来临时，在南方唯一能让人凉快的办法就是去到更高的地方。

2013 年，我离开了年轻时所从事的工作，转向了一个更偏公共性的领域，那一年的夏天也因此成为一个漫长而激烈的斗争季节。[19] 我当时是全国有色人种协进会北卡罗来纳州分会的主席。从 2006 年起，我们就一直致力于建设一个正义组织联盟，我们希望通过共同的努力将北卡罗来纳州打造成一个人人都能充分发展的地方。从一开始，我们就试图践行我称之为"道德融合"的理念。在讨论关于贫困群体的各种问题时，我们坚持认为这些问题并不是左右之争，而是对错之争。这些都是道德问题。同时，这些问题绝非彼此孤立。旨在降低黑人投票率的选民压制策略不仅伤害了黑人群体，也伤害了那些贫困的白人，因为它导致那些原本可以在减贫政策方面有所作为的政治家未能当选。所谓融合就是将不同的群体和相应的议题连接在一起。就像我父亲一直在劝我们的，通过将两种策略相结合，我们开始运用道德融合的方法，对在北卡罗来纳州导致贫困的各项制度发起挑战。

这个方法取得了成效。2008 年，我们成为多年来第一个提高最低工资标准的南方州。我们赢得了扩大投票权的立法，引入了 14 天提前投票和新选民同日注册投票制度。在我们的努力下，北卡罗来纳州拥有了一个崭新且更加多样化的选民群体。在选举日当天，巴拉克·奥巴马输掉了北卡罗来纳州，但当统计了所有提前投出的选票后，他最终取得了胜利，这打破了自 20 世纪 80 年代罗纳德·里根胜利以来共和党对"南方基本盘"的控制。突然之间，道德融合改变了我们南方州的政治格局。但就在我们开始施行真正的政策变革之际，数百万美元的所谓"神秘资金"突然现身，并在 2010 年的选举中开始支持一个新的反动政客阶层。这个新的茶党机器在 2012 年赢得了对州政府的完全控制，并试图推翻我们的联盟为北卡罗来纳州普通民众赢得的每一项成果。

作为一名牧师，我注意到那些一心要破坏我们州政府的极端分子打算在圣周[①]通过一项旨在压制民众投票权的法案。我们联盟的一些成员在复活节之后决定，他们必须站出来，像对待历

---

① 圣周是指复活节之前的一周。——译者注

史上的每一个"受难日"一样,他们要作为见证者去发声。于是,我们走进了北卡罗来纳州议会大厦的大理石大厅,站到了参议院的金色大门外,公开反对那些似乎在蓄意伤害贫困和弱势群体的政策。作为道德主体,我们听从了《圣经》中先知的教导,即在国家出现不公正时要"大声喊叫,不可止息"。我们同时也向立法者告知了我们希望如何被代表——这是一项由我们州宪法赋予的权利。

那些极端分子非但不听取我们的意见,反而逆向而行,拒绝回应我们提出的诉求。他们下令逮捕了17名牧师、社区领袖和普通公民,这些公民都是立法机关拒绝为低收入群体提供医疗保健和失业保险的直接受害者。他们派警察绑住我们的双手,把我们带到韦克县监狱,指控我们违反了建筑规定。当他们说我们的抗议声音太大时,我问他们抗议的分贝应该是多少。他们甚至现编都编不出一个答案。

第二天一大早,我们刚从监狱出来,义愤填膺的支持者就问我们什么时候再去发声,去帮他们转达不满之情:为什么北卡罗来纳州的民选领导者宁愿逮捕需要医疗帮助的病人和为他们发声的人,也不愿接受联邦医疗补助资金,为50万北卡罗来纳州人提供医疗保险?我们说下周一便会再去,而且我们没有食言。数百名民众聚集到议会大厅,歌声响彻整栋大厦的中庭。最终,因拒绝离开而被捕者的数量达到了上一次的两倍。到第三个星期一,数千名北卡罗来纳州人汇集到州议会大厦外的草坪上,抗议政府对权力的滥用。在听取了有关极端政策将如何伤害普通民众的证词后,众人分开队伍,为那些愿意冒着被逮捕的风险进行非暴力公民不服从行动的人留出一条通道。他们排队走进州议会大厦，随后被送上了囚犯转运车。

"谢谢你们，我们爱你们。"人群向被捕者高呼。然后，他们即兴创作了一段新口号："你们需要另一辆囚车，宝贝，因为我们人会越来越多！"

后来，我们把这场抗议运动称为"道德星期一"。这一运动的初衷是为了让公民重新夺回我们的政府，参与者并非任何政党或利益集团的成员，而是致力于维护爱、仁慈和整体利益等基本道德价值观的人。在 2013 年的那个夏天，一场由民主党人、独立人士和共和党人共同发动的群众运动，让近千人被关进了韦克县监狱。"道德星期一"运动还吸引了数十万北卡罗来纳州人参与重建民主的工作，这些参与者的背景多元，充分反映了该州的实际人口特征。道德融合开始作为一种能够联合不同群体的策略广为传播，通过这种联合，我们可以促使公众更加清楚地认识到本州普通民众每天所面临的危机。

我们新团体的能量之旺盛，远超出了我此前的经验。那人山人海的抗议景象着实令人难忘。现场有穿着白大褂的医生，也有坐在轮椅上的病人，他们阐述了那些立法者拒绝依据《平价医疗法案》扩大医疗补助所造成的实际影响。一位母亲一边摘下眼镜擦拭眼泪，一边讲述她儿子因癌症而死的悲惨故事：这位名叫迈克的成年男子因没有医疗保险而无法进行结肠镜检查。"他们谈起我儿子的死时，就好像这是他自己的错一样。"这位母亲喊道，她的脸因为激动而变得通红。

"道德星期一"运动为北卡罗来纳人创造了一个平台，让他们重新获得了发言权，并能够问责那些民选代表的失职行为。数以百万计的人无法获得医疗保健、维生工资和优质的公共教育，这并不是某一个人的失败，而是我们共同的责任，我们必须承担起重建民主的重任。这是一项非常辛苦的工作，让我想起了小时候在烟草地里度过的漫长岁月。当时，为了有机会摆脱烈日的炙烤，我们甚至会向老天爷祈求下雨。但我们很清楚，这是我们不能放弃的工作。2013年夏天，天气越来越热，参加"道德星期一"运动的人也越来越多。

当得知北卡罗来纳州西部的一些合作伙伴计划在8月举办一场"山地道德星期一"运动时，我们非常兴奋，认为这个时机再好不过。这是一个去到更高海拔的良机，我们可以借此避开湿热的空气，呼吸得更轻松自在。在漫长炎热的夏天进入尾声之时，我想起了《圣经·诗篇》的作者，他站在荒漠平原向山举目，感叹"我的帮助从何而来"。[20] 于是，我们决定把我们的运动带到山上。

但我得承认，我很忐忑。我们的多元化联盟包含了很多来自该州中部大城市的人。政治专家们经常称北卡罗来纳州是一个紫州，其中城市和大学城的人支持民主党，在选举地图上是深蓝色，包括该州西部阿巴拉契亚山区的乡村地区则支持共和党，在选举地图上偏向深红色。我们一直试图超越传统的左—右派叙事，提供一种关于公共政策的道德性分析。但是，我们能在由茶党控制大多数公共机构的山区组织起来一场大规模的集会吗？而且，我们能否仅在短短几周的时间内就把人们动员和组织起来？简而言之，我们的运动是否已经具备了足够的融合力量，让我们能够将其推广到山区？

在我们山区的合作伙伴展开运动筹备工作之后，我接到了朋友蒂姆·泰森的电话。他是一位白人教授，有着浓密的头发和顽皮的笑容，他父亲和叔叔都是卫理公会教派的牧师。他这一辈子都住在北卡罗来纳州，并担任着该州有色人种协进会的历史委员会主席。在我们筹划的这场将于阿什维尔市举行的"山地道德星期一"运动之前，蒂姆告诉我，位于米切尔县的一个乡村山区白人教堂联系了他。这显然非同寻常。他们问我是否愿意去和当地人谈谈我们的运动是如何根植于《圣经》的道德观，以及我们是如何继承美国悠久的道德运动传统的。阿什维尔是一座拥有州立大学的多元化城市，且是该州西部的一个城市中心。而现在，位于米切尔县偏僻山谷的一座全白人教堂竟然邀请美国全国有色人种协进会的主席去做演讲，而且还是在晚上。

尽管收到了如此慷慨的邀请，我还是不想去。20年前，我曾担任北卡罗来纳州人际关系委员会的主任。在那个职位上，我调查了州内的民权侵害和仇恨团体的活动。这是一份危险的工作，它让我学到了很多我在学校从未学过的历史。我知道，在20世纪初，开发商曾招募了一大批黑人工人来开采长石，并在蓝岭山脉那遍布硬木和松树的陡峭山坡上修建了一条铁路。在一战后的极端暴力和恐怖主义浪潮中，米切尔县的所有黑人都被白人暴徒驱逐了出去，原因是当地一名白人妇女诬告一名黑人强奸。[21] 即便是一个世纪之后，这个地方仍然会打着地方民间组织活动的名义搞三K党集会。许多此类集会的主持人都是当地教堂的执事。

我向蒂姆表达了我的顾虑。作为一名历史研究者，并且自己也经历过这种歧视，他对我的态度表示理解，并因此决定要和他的父亲——一位穿着淡蓝色夏季运动外套的白发退休牧师，陪我一起去那座教堂。他们说，我不应该单独去，但我们必须去，因为这是一个检验"道德星期一"运动是否能给所有人带来福音的机会，哪怕是米切尔县的白人。

劳雷尔·阿什顿是美国有色人种协进会的一名年轻白人工作人员，她跟我说，我有必要先对山区人有个大概的认识。她一边开车带我们上高速公路，一边告诉我，那里的人们正是她的族人，她希望我们能用他们能够理解的语言传达我们的信息。劳雷尔向我解释了如何用当地人的发音方式来念"阿巴拉契亚"这个词。她还强调，这些山里人往往不太信任那些看起来高高在上的人，尤其是那些虽然充满善意但缺乏同理心的访客。他们非常强调相互扶持，例如，他们会关照那些因火灾失去住处的家庭，还有那些需要独自抚养孩子的寡妇。他们明白，关爱邻里固然会让他们付出一些代价，但这是他们的信仰中必不可少的一部分。当我们驶出四车道的高速公路时，劳雷尔把车开到了一条曲折且没有路肩的双车道州道上。我开始意识到，即使我们想回头，现在也已无可能。走出这些山丘的唯一方法，就是不断地前往高处。

当我们到达那座有灰色木板外墙的圣公会教堂时，里面已经挤满了白人。牧师在树木遮蔽下的停车场迎接我，并向我提出了两个问题。首先，他想确定我们到这里来不是为了搞政治活动。我向他保证，我们不为任何政党工作。我们想要谈论的是影响我们所有人的道德问题，并探讨依据《圣经》所述，我们该如何对待饥饿者、病患者以及困顿者，也就是耶稣所说的"我这弟兄中一个最小的"[22]。牧师说这正是他所希望的。于是，他只剩下一个问题：我是否知道那首名为《以爱相连》的赞美诗。[23] 我对这首诗可是再熟悉不过了。在我成长的过程中，每次在基督教堂做完礼拜时，我都会唱起这首诗。作为一位受过古典钢琴训练的钢琴家，我的母亲会带领会众共同吟唱，以表达我们彼此之间的精神联系。

福哉爱主圣徒，

彼此以爱结连……

虽然我远离了故土，但在此时此地，我丝毫没有感到陌生。虽然眼前的这群人面目举止都和我大相径庭，我仍以分享故事和诗歌这一传统方式，将彼此的心联结在了一起。"人为神的国，撇下房屋……没有在今世不得百倍……"耶稣应许说。[24] 我父亲经常谈论的道德融合，正在我面前展现。我走过一座有顶棚的小桥，走进一个我从未到过的地方，却知道我已经找到了归属。

我们进去后，蒂姆的父亲弗农·泰森牧师以一位经验丰富的传道者所具有的那种从容语调，向大家介绍了我。然后我开始讲述我们一直在努力做的事情——把服务业黑人劳动者与他们那面临同样挑战的白人和拉丁裔邻居团结起来。我们希望大家能够看到，我们的民选代表并没有真正帮助我们中的大多数人。接着，我打开了《圣经》，讲述了耶稣和先知们如何呼吁我们与受苦受难的人们站在一起，以及他们是如何敦促我们共同努力，建立一个以爱、正义和仁慈战胜贪婪与分裂恶行的社会。

当以赛亚说"松开凶恶的绳"时，[25]他的意思是，"付给人们能够维持生计的工资"。

当耶稣说"我饿了，你们给我吃"时，他不仅仅是在谈论我们作为个体该如何对待对方。他是在说，这是评判一个国家的标准。

我讲了将近一个小时后，一位说话非常耿直的白人女士举起手来告诉我，整个夏天，她和这个房间里的许多人都在参加"道德星期一"运动，他们想搞清楚这场运动是真心实意的，还是只是民主党的幌子。她告诉我，他们之所以参与其中，是因为他们相信他们也是"道德星期一"运动的一分子。

然后，另一个穿着卡其裤和马球衫的男人举手说，他在米切尔县当了一辈子的共和党成员，最近却脱离了这一党派。茶党不是他所信仰的亚伯拉罕·林肯和泰迪·罗斯福的党派，他们派到州议会的立法者并没有为普通民众发声。在该州的这一部分地区，经营小农场的家庭都至少会有一名家庭成员在当地学校任教，这样这些家庭就可以借此享受到州政府提供的医疗保险计划，这种情况已经持续了好几代人。但现在，立法机构不仅削减了公共教育经费，而且拒绝延长失业保险和扩大医疗补助计划，这些都加重了米切尔县民众的困境。

当茶党的政客谈及扩大医疗补助计划时，他们认为这是一个昂贵的政府项目，只会浪费白人纳税人的血汗钱，徒令黑人和棕色人种受益。但米切尔县的白人很清楚，他们中的许多人都负担不起医疗保险。事实上，在北卡罗来纳州，由于立法机构阻挠扩大医疗补助计划而无法获得医疗保险的人中，超过 2/3 是白人。[26] 比如此前我们提到的因癌症去世的迈克，他的母亲曾经在北卡罗来纳州首府罗利市的"道德星期一"运动上分享过他的故事。

随着越来越多的人加入对话，我看到那些原本只是坐在教堂的大玻璃窗下面安静聆听的人也有了参与发言的欲望，他们松弛了下来，开始把双肘放在桌子上。整个夏天，我们道德融合运动的声势不断壮大，把来自不同背景的北卡罗来纳人聚集到了州议会大厦的草坪上。但现在我意识到，这场运动其实也激励了这里的山区民众。多年来，他们的立法代表一直在谈论"反堕胎"，警告自由主义的危险。但是，那些为了当选而播下分裂种子的政客并没有提出真正有益于人民的政策。事实上，他们正在不断地扼杀当地经济。这些阿巴拉契亚人希望生活能出现转机，让他们更有盼头。他们能感觉到，要让生活更有希望，他们就应该与该州其他地区那些同样正在苦苦挣扎的黑人、白人、棕色人种和原住民携起手来。耶稣说："饥渴慕义的人有福了。"眼前这个房间里满是忠诚的公民，他们形成了一项共识，那就是他们已经找到了自己渴望的东西。

尽管如此，接下来这些人提出的请求，还是让我颇感意外。在我们到来之前，教堂里的一些人就已经打算组织起来了。他们问我是否可以在这成立全国有色人种协进会的地方分会。起初，我目瞪口呆。他们告诉我，这可能是一个全白人的分会，但他们知道我们做的事情是正确的，而这也正是他们所需要的。2013

年 7 月 13 日，杀害特雷沃恩·马丁的凶手被无罪释放，三名黑人女性随即以"黑人的命也是命"这一标签在网上做出回应。仅仅几周后，居住在北卡罗来纳州北部连绵群山中的白人也宣布拒绝茶党的谎言，并加入了美国历史最悠久的反种族主义组织。"我们山里有句老话，"其中一位女士告诉我，"不要摸老虎的屁股。"

房间里传来一阵会意的笑声，几个人转向他们旁边的人并挑了挑眉毛，以示对一种共同感受的认同。接着，一个看起来像是当地食品分发站的运营者的女人不耐烦地站起来说："这个县的茶党头目就住在这条路上。让我们游行到他家，告诉他我们不会再忍受这种事情了！"

这时我不得不打断他们，并向这些刚刚加入全国有色人种协进会的民众分享了一些关于如何进行长期自由斗争的智慧。"黑人不进行无准备的斗争。"我告诉我们的新会员们，但我邀请他们第二天和我们一起参加在阿什维尔的中心广场举行的"山地道德星期一"活动。

然后，穿着非洲印花连衣裙的亚拉·艾伦开始领着我们唱歌，亚拉是一名黑人女性，整个夏天都在为"道德星期一"运动策划音乐。

福哉爱主圣徒，彼此以爱结连，
和睦相处，同心合意，
在地如同在天。

那天晚上，当我在米切尔县那座小小的圣公会教堂里与白人姐妹和兄弟手拉手时，这首熟悉的赞美诗向我传达的信息超越了以往任何时刻。人类团结的精神原本是一种跨越所有道德和宗教传统的真理，但在南方教堂里，它却常常被种族分裂的谎言淹没。马丁·路德·金说过："星期天的上午 11 点是最具种族隔离意味的时刻之一。"[27]但在这里，在一个夏末星期天的夜晚，我们却唱起了同一首赞美诗，并从中找到了我们之间的联系纽带。这条纽带尽管脆弱，但依然将我们彼此联结，将我们与万物所蕴藏之爱联结。

在这里，在一座满是白人的教堂里，我们感受到了道德的融合。我们所吟唱的这首赞美诗正是我个人所秉承之基本真理的展现。这是我的故事，这是我的歌。但这绝非独唱。相反，只要我们愿意倾听，它就能够在整个美国社会唱响。2014 年，迈克尔·布朗被谋杀后，"黑人的命也是命"的活动人士占领了密苏里州弗格森的街头，他们高唱道："你站在哪一边？你站在哪一边？"这首歌已经成为他们运动的圣歌，他们的质问也已经响彻整个美国。

但街头的那些年轻的黑人激进分子，几乎都不知道他们的圣歌来自哪里。20 世纪 30 年代，阿巴拉契亚山区的一场矿工斗争让"红脖子"声名鹊起。之后当地一名治安官突袭了肯塔基州东部一名白人妇女弗洛伦斯·里斯的家，逮捕了她那担任矿工联合会领袖的丈夫。当治安官的副手们恐吓她和她的孩子时，弗洛伦斯·里斯唱起了《你站在哪一边？》这首歌曲。[28]通过这首歌曲，她向那些白人副官提出了一个核心性的质疑：他们难道不应该与自己的人民站在一起,并要求矿业公司给予公平的待遇?从阿巴拉契亚山脉到弗格森的街道,一条团结的纽带把所有起早贪黑、虽身处重重困境但仍在寻找希望的各种族人民联结到了一起。

长久以来,我们一直被谎言分裂,这些谎言告诉我们,在美国的故事中,黑人站在一边,白人则站在另一边,而且这种分裂仍在继续。现如今,保守派和进步派站到了对立面。穷人和我们其他人站到了对立面。红色农村县和蓝色自由派城市也站到了对立面。但这种二分法并不真实。导致我们国家分裂的,并不是种族身份认同和政治意识形态。相反,我们的分裂和对立,完全是由于政客和亿万富豪的挑拨离间,是这些人刻意掩盖了美国人民的贫困现实,并借此来维系他们的权力和财富。

在那晚之后的10年里,我遍游美国,实践道德融合,努力与来自各个种族、地区的贫困者和陷入挣扎中的人们建立联系。我曾访问过华盛顿州阿伯丁的一个无家可归者营地,在那里,一位名叫利昂的退伍军人问道:为什么他的国家可以把耗费数十亿美元的战争机器托付给他,却无法让他在退伍后找到一份能够养家糊口的工作?利昂从头到尾都没有提高嗓门,但他的讲述却让我切实感受到了那种被抛弃的感觉。我注意到,在那辆被他改造成住所的废弃汽车外面,利昂竖起了一根弯曲的棍子,棍子的最上头悬挂着一面美国国旗。

"你为什么在这里挂这面旗帜?"我问他。

"因为我想让人们看到在这个国家的旗帜下发生了什么。"利昂说。

在我的旅途中，我曾和亚拉巴马州农村的一位黑人母亲一起流泪，她向我展示了她那所移动房屋所在院落的污水倒流情况，那是由掠夺成性的放贷者诱骗她买下的房子。我曾与那些要求用无铅水给孩子洗澡的母亲站在一起，我也曾再次与那些从事着最为基础的服务工作并坚持要求自己应该得到至少15美元时薪的人一起入狱。我曾和得克萨斯州的一个被极端移民执法分开的家庭一起涉入格兰德河①，在经过多年的分离之后，他们一家人终于可以在一个小沙洲上彼此拥抱，实现了仅5分钟的短暂相聚。

在这个国家各个地方的社区里，我有机会见证并感受到各种族的贫困和低收入人群之间存在的共同联系。正如我父亲教育我要牢记自己的多种族祖先，这些人也都是我的兄弟姐妹。我感受到了那些将贫困人群团结在一起的共同纽带，也见证了他们想要摆脱压迫性的经济体系、寻求更好和更公平生活的共同决心。

是的，有线电视新闻、社交媒体上的流行梗图，还有那些依靠陈腐叙事来团结支持者以对抗其"价值观"的假想敌的政客，他们都在挑拨和制造美国民众之间的对立。然而，将我们联系在一起的纽带仍然存在。在我看来，美国的贫困人群虽然种族背景不同，但有着许多共同点。那些为分裂我们而投入的数十亿美元看似难以战胜，但在我看来，这反而是我们力量的象征。如果对手认为你没可能赢得胜利，他们就不会花费如此力气与你对抗。

从许多方面看，我们都是一个因长期的共同苦难而团结在一起的国家，而当我看着那些美国穷人的脸庞时，我再次想起兰斯

---

① 格兰德河是发源于美国的美国和墨西哥界河，许多非法移民试图越过这条河进入美国，因此这条河经常被视为美墨之间紧张的边境关系和移民政策复杂性的象征。——译者注

顿·休斯的诗句：

> 我就是那贫穷的白人，被欺骗，被排挤，
> 我就是那黑人，带着奴隶制的伤痕。
> 我就是那被赶出家园的红人，
> 我就是那紧握着我所寻求之希望的移民——
> 却只发现一切还是照旧，
> 狗仍咬狗，人仍以强凌弱。[29]

"美国从来不是我心中的美国。"1935年，休斯为美国的穷人大声疾呼。当时正值大萧条时期，美国镀金时代的神话早已被残酷的现实揭穿，这位哈莱姆文艺复兴时期的吟游诗人用诗歌讲述黑人的悲惨经历，并揭露了美国的承诺与实践之间巨大的鸿沟。但他明确表示，这绝不仅仅是美国黑人的故事。正是美国所有贫困者的经历，让休斯写出了如下寄予共同希望的诗句："然而我发誓，美国必将成为我心中的美国！"

人们之所以对这一誓言抱有信念，是因为在美国，像家庭护工、餐馆服务员、送货卡车司机和酒店女服务员这样的底层劳动者，仍在日常的工作中对未来怀有憧憬。美国历史上每一次自我革新迈向更完美联邦的运动，无不是受到这一信念的推动。在全球新冠疫情期间，尽管没有获得安全工作所需的装备，也没有得到照顾自己和家人所需的维生工资和医疗保健，但这些被我们称为"必要"劳动者的人，仍旧每天都在冒着生命危险服务他人。

历史经验告诉我，那些被忽视和被排斥的人正是能够带领

我们走向更高处的人。《圣经·诗篇》中写道："匠人所弃的石头，已成了房角的头块石头。"事实上，从领导长期废奴斗争的昔日奴隶，到今天领导争取维生工资斗争的快餐店工人，这些"被丢弃的石头"向来都是历次重建的基石。那些经历过最多苦难的人最清楚，我们早已无法回头。对我们任何人来说，唯一的出路都是不断向更高处登攀。

我的大儿子威廉继承了父亲传给我的名字，作为一名环境物理学家，他已经把应对气候危机作为自己的终生使命。但有时他也喜欢和我分享他对自然界的一些观察。几年前，威廉对我说："爸爸，如果你发现自己被困在山区，记得一定要往上走，千万不要穿过山谷。"

我问他为什么，他说："山谷里有蛇。往上走可能更消耗体力，但为了远离蛇，你必须爬上山去。"

"为什么？"我问道。

"因为每个生物学家都知道有一种叫蛇线的东西。蛇是冷血动物，它们不能在高海拔地区生存。所以只要你越过蛇线，就能安全脱身。上山可能很艰难，但只要你越过了蛇线，它们就无法接近和伤害你。"他回答道。

作为当下的一名守望者，我深知跨越这条"蛇线"的紧迫性。我也知道这是可能的，因为作为一个整体，我们此前曾经攀登到更高处。正是跨越"蛇线"的决心驱使弗雷德里克·道格拉斯、索杰纳·特鲁思以及威廉·劳埃德·加里森在近乎不可能的情况下仍为废奴运动奔走呼号。同样的决心也促使艾达·B.韦尔斯、玛丽·怀特·奥文顿和 W. E. B. 杜波依斯不惧私刑的恐怖，建立了由黑人和白人共同参与的组织，推动这个国家变得更加伟大。要想解决在 21 世纪美国日常生活中的那些相互交织的不公正现象，我们也同样需要这样的决心。马修·戴斯蒙德在《制造贫困：一个美国问题》一书中写道："消除贫困是一项值得我们提供坚持、付诸行动和为之牺牲的事业……这个世界上最富裕国家的公民有能力也有责任终结贫困。"他说得对，在今天，我们的贫困废除主义者需要发起一场向更高处迈进的社会运动。[30]

只要我们能越过"蛇线"（我坚信我们一定可以），我们就能够确认一项基本事实，即当我们所有个体的福祉都得到改善时，整个社会也会变得更好。公共政策不必是一场零和游戏，不必非要像传统的分裂性迷思所暗示的那样，黑人的胜利必定意味着白人的失利。我们可以像其他很多发达国家所做的那样，在使每个美国人都能获得充分的医疗保障的同时，降低医疗开支，因为当下这个不平等的医疗体系更多的是在为大企业的利益服务，而不是在为民众的健康考虑。正如我们将在本书中看到的，在如何增进全体美国人的福祉这一问题上，我们并不缺乏政策建议，也不缺乏落实这些建议的资源。我们缺少的是行动的意愿。

我们不能止步于内斗、争吵和愤怒。那些关于学校应该如何教授历史以及哪个种族的经历在公共生活中更有价值等争论，实际上是在扭曲和分散我们的注意力。只有超越这一"蛇线"，我们才能够将仇恨和分裂拒之门外，才能阻止那些以种族、信仰或性取向为由剥夺公民宪法权利的卑鄙企图。

只有超越"蛇线"，我们才会把所有人都看作上帝的创造物和人类大家庭的成员。

只有超越"蛇线"，美国这个高唱着"上帝赐福于你"的移民国家才会真正地向移民展示恩典，而不是因为他们没有适当的证件而逮捕他们，更不会通过修筑高墙的方式将整个移民群体妖魔化。

我知道，正义就在"蛇线"之上，爱就在"蛇线"之上，仁慈就在"蛇线"之上。"上帝之下的国度，不可分裂，自由平等全民皆享"[①]就在"蛇线"之上。

只有直面白人贫困，并令这种真相揭露我们文化中已司空见惯的种族和阶级迷思，我们才能发起一场拒绝生活在"蛇线"之下的运动。如果我们要建成我们的建国文献中所期望的国家，我们就必须推动这场崭新的21世纪重建运动，充分实现其目标。我们不能让那条从美国建国之初就潜伏于桌底的"毒蛇"袭击和摧毁我们这个多种族的民主国家。我们绝不允许这种情况出现，因为有太多人已经付出了沉重的代价，所以我们现在绝不能再走回头路。我们必须向着更高处进发。

但我必须坦诚地说，用爱来应对仇恨并不总是那么容易。我毕生都在同这个国家的各种迷思做斗争，我知道这些谎言会如何侵蚀我们的内心，我也知道当我们试图抵制这种侵蚀时，它们又会如何扰动我们的情绪。我说的不仅仅是我在《圣经》中读到的东西。我的父亲是一名身材高大、才华横溢的黑人，二战期间曾在海军服役。但回到家乡后，他发现美国南部实行的种族隔离制度，竟然使他无法享受到他曾在半个地球之外冒着生命危险所捍

---

① 这句引语出自美国效忠宣誓的誓词。——译者注

卫的民主。20世纪50年代,当他在佐治亚州奋力传播真相和引导民众走向更高目标时,一个白人用枪指着他的脸,威胁他说如果不离开这个城镇,他就活不到明天。虽然他挺过了那场威胁,但在与不公正做斗争中,他的身体承受了巨大的压力,这缩短了他的寿命。作为他的儿子,我一生都在致力于推动一场能够让我们超越"蛇线"的运动。我对技术时代充斥于电话中和互联网上的那些恶毒威胁深有体会,有些人甚至放出话来,说若我再不收手闭嘴,他们就要让我消失。我也不得不学着面对这些压力,继续负重前行。

超越"蛇线"可不是一件容易的事。

但在我长大的北卡罗来纳州东部的那座小基督教堂里,我们常常会唱起另一首古老的赞美诗,如今,这首诗经常在我的内心深处响起。依照我们的信仰传统,这首诗是这样唱的:

我今直往高处而行
灵性地位日日高升
当我前行祷告不停
求主领我向高处行![31]

不同信仰的人,甚至并无特定信仰的人,都以各种方式表达了对走向高处的渴望。我从那些贫困者的坚决中感受到了这种渴望,这些人已然意识到,现状并非不可改变,生活不必总是如此艰难。在美国,任何孩子都不应该饿着肚子上床睡觉,任何家庭都不应该被迫在车里过夜,任何人都不应该因为无法获得医疗服务而死于可治愈的疾病。

我们并不缺乏消除美国贫困的资源。我们知道需要实施哪些政策来消除贫困并逐步减轻种族主义。但我们必须努力找到一条通往那里的正确道路。我们需要通过各种运动来解决影响我们的不公正问题，而且我们必须招纳更多的新人加入我们的运动。我们的运动一定要接纳那些在晚上给孩子掖好被子并祈祷有一天情况会好起来的妈妈。我们还需要为那些每天打着三份工，默默承受生活重压的父亲发起一场运动。尽管这些辛劳的父亲已经在拼尽全力应对生活中的各种艰难险阻，但在夜深人静之时，他们还是会怀疑，像他们这样的人到底是否还有获得更好选择的希望。

好消息是，那些贫穷和被排斥的人总是会向我们指明通往更高处的道路。是时候追随他们一起向上而行了。我们应该重新认识到，那些将我们紧密联系在一起的纽带能够促使我们行动起来，通过这些行动，我们终将揭穿这个国家的各种古老迷思，并彻底超越历史困境，向更高处迈进。

[PART TWO]

揭露迷思

[第 二 部 分]

第三章

迷思一：白人是利益共同体

到底是什么迷思，能让米切尔县的一个白人相信他们与拒绝扩大医疗补助计划的政客有更多的共同利益，而不是与同样面临诸多生活困境的本州黑人有更多的共同利益？通过组织不同种族的民众讲述其贫困的真相，我逐渐认清了一个数百年来穷苦白人一直被灌输的迷思。这个迷思告诉他们，仅仅是因为拥有相同的肤色，他们就拥有共同的利益。要理解这种叙事的来由，我们需要先回顾一下美国通过法律和政策构建"种族"的过程。

种族似乎是一种显而易见的存在。我们在见到某人的那一刻，甚至在还没见到他们时，就已经知道他们属于什么种族。因为种族塑造了特定的文化，我们往往可以通过一个人的谈话方式、饮食习惯或穿衣风格来辨别他们的种族。但我说种族是通过法律和政策被构建出来的，并不是说在种族被用于为奴役辩护之前，没有人注意到肤色的差异。沉迷于美国迷思叙事的那些人当然不是第一批对浅色皮肤表现出偏爱的人群。但今天我们所说的"白人",以及这个术语所概括的身份认同和文化假设,其实是美洲殖民地民众之间一系列特殊协商的结果。要理解白人贫困在当今美国社会中扮演的角色,我们就必须理解,正是在弗吉尼亚殖民地兴起的种植园经济造就了我们现在所说的"白人",而这种身份认同之所以能够延续,就是因为它有助于维护一个仅为少数人服务的经济体系。

4个世纪前,为了能够从新殖民冒险中获得最大的收益,那些专注于跨大西洋探险的欧洲国家彼此之间展开了激烈的竞争。例如,在大西洋上来来往往的商船不光代表它们的投资者,还悬挂着所属国家的旗帜。"白狮号"是一艘荷兰军舰,船长和船员都是英国人,作为一艘从荷兰出发的私掠船,它获得了劫掠西班牙船只的许可。[32] 在航海途中,他们从一个葡萄牙奴隶贩子那里抢走了大约60名来自西非的安哥拉人,然后将这些被拐卖了两次的非洲人运送到位于弗吉尼亚詹姆斯敦的英国殖民地。根据该殖民地领袖约翰·罗尔夫的记录,1619年夏天,"白狮号"在那里用"20多个"非洲人向定居者换取了食物和补给。

当天在詹姆斯敦下船的非洲人,面对的是一群当时并未以"白人"身份自居的殖民者。此时的弗吉尼亚殖民地既没有定义过奴隶制,也没有定义过"种族"。根据现有的历史记录,这20多个人是第一批到达北美殖民地(即后来的美国)的非洲人。他们可能并不是普通的契约仆役,但他们的身份也不完全符合当时已存在的任何社会或法律制度。当时,大多数来到弗吉尼亚殖民地的欧洲人都是契约仆役,需为主人服务7年,契约期满后,殖民地会分给他们一块土地。如果这些非洲人的法律地位尚未明确，那么他们的肤色也就不会承载奴隶制在其后代身上所赋予的种族含义。种族概念当时还不是一种必需。人们更多的是根据他们来自哪里、说什么语言以及崇拜什么神灵来理解彼此。没有任何一群人会认为自己是"白人"。

在弗吉尼亚殖民地的最初几十年里，来自非洲和欧洲的仆役并没有将彼此视为截然不同的群体。不像今天许多人声称自己不论肤色，他们毫无疑问"注意到不同肤色的存在"。但肤色本身并没有决定谁拥有征服、羞辱和毁灭他人的权力。不同肤色的孩子见证了这些人之间存在的各种关系——黑人和白人一起生活和工作，坠入爱河，组建家庭，生儿育女。他们无论肤色，都是被奴役者，都要挨主人的鞭子。1621年弗吉尼亚殖民地的征兵名单上有23名非洲人和1名印第安人，他们都仅仅被算作"仆役"。这些有色人种仆役与浅肤色仆役不仅是利益共同体，在这片殖民地前景略显暗淡之际，他们还需要通过共同努力来维系此地的运转。

其中一名安哥拉人的生活经历，不仅展示了弗吉尼亚殖民地种族身份的演变过程，也揭示了"白人是利益共同体"这一迷思的起源。1635年，这位名叫安东尼奥的仆役完成了他的契约，在东岸的一块土地上定居下来。他娶了一位非洲裔女性，并帮助她获得自由，随后还购买了其他非洲契约仆役作为劳动力。这对夫妇以安东尼·约翰逊和玛丽·约翰逊的身份生活，还养育了4个孩子，到1650年时，他们已拥有了一座占地250英亩[①]的农

[①] 1英亩≈4 046.86平方米。——编者注

场。1677年，当安东尼·约翰逊去世时，他试图将自己的土地留给子女，但殖民政府并未执行他的遗嘱，而是将他的农场授予了一名欧洲裔定居者。法官裁定，因为其肤色，约翰逊并不是殖民地的公民。当法律开始决定谁有权利成为这个新社会的正式成员时，种族就变成了一种身份认同。

如果说在安东尼和玛丽刚获得自由时，不同肤色的仆役还有着极为相似的处境，那么在他们结婚后，情况又发生了怎样的变化呢？弗吉尼亚殖民地的法庭记录提供了一些线索。1640年，也就是在安东尼·约翰逊的遗嘱被法院推翻的几十年之前，一个名叫约翰·庞奇的黑人仆役和两名白人仆役一起逃离了奴役。在当局把他们抓回来并以"盗窃自己"的罪名进行审判时，法院只把那两名白人仆役的契约期限延长了几年，却命令约翰·庞奇这名黑人仆役"无论身处何地，都必须终其余生为主人服务"。法院的裁决表明，对庞奇的奴役在此前尚未被视为一种永久的制度，更不用说世袭。但这些裁决同样表明，谁能够成为弗吉尼亚人而谁不能，已经成为一种可以通过法律来定义的事情。到了17世纪中叶，殖民地的契约式黑人仆役制度开始被强制转变为一种新型的、基于种族的终身动产奴隶制。

1662年，弗吉尼亚立法机构推翻了持续几个世纪的英国普通法，通过了一项明确意在实施种族化和世袭奴役的法案。在英国普通法中，孩子的地位是由其父亲决定的。但是在弗吉尼亚，依据"子嗣随母"的新法律，孩子的地位将由其母亲决定。弗吉尼亚的人口中有许多人的肤色深浅不一，这实际上是欧洲人、非洲人和印第安人后裔之间相互融合的结果，当然，这一结果显然是部分出于自愿，部分则缘于被迫。根据旧法律，如果这些孩子的父亲是自由的弗吉尼亚人，那么即使他们不是完全的白人，也可以拥有自由权利。但根据新法律，只有欧洲裔自由人的白人妻子所生的孩子才是天生的自由人。这不仅确保了黑人奴隶的孩子将继续作为"财产"存在，也鼓励了那些白人奴隶主为了扩大自己的奴隶数量而去强奸他们声称拥有的非洲女性。要想建立一个种族化的世袭奴役秩序，就必须明确界定一个可以被合法奴役的黑人阶层，与此同时，它也要求通过法律将白人构建为一个种族。

一个有着欧洲血统的仆役与把他和他的黑人同伴都当作奴隶的主人究竟有多少共同之处？共同的肤色可能为其提供了有朝一日拥有财产的希望以及相对自由的可能性，但在一个以主要农作物为基础的经济体系中，这些被新定义出来的黑人和白人，需要从事同样辛苦的体力劳动。对许多人来说，"白人"身份并没有立刻给他们带来更好的生活。于是，当权者就必须给这些白人灌输一种观念，以使其相信他们自己的命运和他们主人的命运有着休戚与共的联系。

宗教也成了传播这种迷思的一种手段。殖民者宣称英国文明可以"提升"被奴役非洲人的灵魂，并以此为非洲奴隶贸易辩护。但当一些非洲人接受基督教信仰时，这就引发了他们在殖民地的法律地位问题。对弗吉尼亚的白人来说，接受基督教洗礼是一个重要的象征，他们认为这是文明和理性发展的重要证据。由于这些品质被视为与奴隶身份不相容，接受洗礼有时会使奴隶被解放，或至少在某种程度上为其带来更大的个人自由。这就留下了一个悬而未决的问题，即非洲奴隶接受洗礼是否改变了他们的法律地位。1667年，殖民地立法机构通过《第三法案》解决了这个问题：

> 鉴于有人怀疑，那些生而为奴隶却因主人之仁慈和虔诚而成为受洗圣礼参与者的孩子，是否应因受洗而获得自由；本机构受权制定并公布：施行洗礼并不会改变个人的奴役或自由状况。

该法案还规定，既然奴隶主们再也无须担心向被奴役者传播福音可能会减少他们的劳动力，他们现在就应该通过让被奴役的孩子接受洗礼来成为宗教的积极传播者，并坚信这些孩子及其子孙后代都将永远被其奴役。出于对宗教的虔诚，白人基督徒开始相信，他们依靠剥削他人劳动力和掠夺他人土地所构建的经济和政治体系，乃是上帝旨意的一种体现。既然已经得到了上帝的祝福，那么任何人，无论是白人还是黑人，只要反对这种体系，就等同于犯罪。为了将奴隶制进一步正当化，宗教创造了贫穷白人和他们的白人主人正在共同参与一项"神圣计划"的迷思。

然而，即便在实行了近60年之后，弗吉尼亚殖民地的种族等级制度以及维护这一制度的各种迷思，仍未达到一种固若金汤的稳定状态。我们之所以知道这一点，是因为历史上的一次起义曾成功地对这一制度进行了反抗。1676年，弗吉尼亚的定居者在一个名叫纳撒尼尔·培根的欧洲后裔的领导下，奋起反抗殖民政府。[33]虽然他的动机显然不是为所有人争取自由和正义，但他那支组织松散的队伍仍吸引了不少黑人和白人参与。这些人中有很多都是奴仆身份，他们知道自己的利益与主人和殖民政府的利益并不完全一致。培根的队伍首先袭击了附近的印第安部落并夺取了他们的土地，然后又将总督威廉·伯克利赶出了詹姆斯敦并烧毁了首府。在迫使殖民政府撤退到港口的船上并最终逃回英格兰后，培根和他的队伍占领了殖民地。虽然黑人和白人仆役早就开始联合和密谋，但在这次起义中，他们的合作打破了种族界限，变得更加深入，更具危险性。黑人、白人和部分原住民的联合给殖民当局造成了严重的威胁，为了维护种植园经济的运转，英国政府开始全面动用其海军力量来强制推行这种新兴的种族身份认同制度。

培根并不是一个可以被简单定义为英雄的人物。历史学家仍在讨论他的真实动机和他对弗吉尼亚未来的愿景。他死于痢疾之后，英国人重新夺回了詹姆斯敦，许多曾与他并肩作战的人则在殖民政府恢复后被处以绞刑。但殖民政府对这次起义的反应，确实有助于我们更好地理解那个至今仍在为白人提供统一身份认同的迷思。在弗吉尼亚，虽然法律已经将黑人和白人定义为不同的群体，但并不是所有白人都完全相信并接受这种新的种族身份。他们需要一种叙事来让自己相信，能决定他们命运的是那些种植园主，而非那些肤色不同的仆役同伴。白人至上主义提供了必要的意识形态，能够防止像培根召集的那种多种族联盟再次出现。它为不断扩展的种族化和世袭奴隶制提供了一个合理的依据。

1705年的《弗吉尼亚奴隶法典》彻底巩固了种族化和世袭奴隶制度。深色皮肤的人与浅色皮肤的人在本质上不同的说法被写入了法律，变成了一个为这块新大陆上的白人确立身份认同的迷思。美国人往往认为"种族"是某种真实存在的东西，是自然界赋予的不可否认的事实，但历史表明这种看法并不正确。当我们把种族看作一种理所当然时，我们可能会像哀悼一场龙卷风或地震灾害那样，为大西洋奴隶贸易的死亡机器和美洲原住民的"血泪之路"感到悲伤，但却不会感到丝毫的悔恨。快进到现在，我们可以用类似的方式来应对医院的关闭或对贫困和低收入人群的政策性谋杀。但是，当我们承认种族被发明出来是为了证明一种不平等经济体系的正当性时，这种反应就不再能说得通了。种植园制度创造了白人，并将他们与黑人和原住民区分开来，而这些人原本可以联合起来，共同建立一个更平等的社会。在建立了一个新的"白人"群体之后，这个系统开始不断地给他们灌输各种叙事，以使他们相信自己的白人身份具有任何其他种族都不可比拟的优越性。

许多美国人不愿意承认的一点是，种族制度既不是源自"坏"白人对非洲人的个人仇恨，也不是因为"好"白人对奴隶制的反对。假如能够回到过去，再次经历美国殖民地的形成时期，我们都认为自己会站在历史的正确一边。但白人这一身份认同的构建实际上是为了发展烟草、稻米、甘蔗、咖啡和棉花等主要作物的种植，并从中获取利润。奴役劳动力构成了18世纪和19世纪经济发展的引擎。这种没有报酬的劳动力使殖民地和后来的美国能够以远低于欧洲产品的成本生产原材料。因此，种族主义并不是导致压迫制度的一种观念，相反，它是美国人为自己编造的一种叙事，其目的就是证明对黑人的利用和经济剥削是有益的、正当的，甚至是正义的。为了让黑人潜在的盟友，也就是那些白人仆役也能够认同这套说辞，这个叙事里就必须包含"白人是利益共同体"的迷思。

如果弗吉尼亚的殖民精英们发明种族是为了保护他们的财产和特权，为什么我们今天不能让真相之光闪耀，消除这种迷思呢？正如已故的历史学家艾拉·伯林所解释的，其原因在于种族是一种特殊的社会建构——一种历史建构。[34] 种族承载着历史的重压，在时间的长河中蹒跚前行。历史从来不会从头来过。因此，恰如为新航程改装旧船，种族会不断地进行自我重建。种族并非一项亘古不变的事实，也并非我们与生俱来的特质；相反，种族是一种于人与人之间不断产生并会重复出现的关系。因此，即使那些没有从中受益的人也会不由自主地受到它的影响，并将其传递给他们的子孙。

如果没有支配型的政治体制，没有我们那段令人恐惧的历史，我们所谓的"种族"可能只会成为一种文化，几乎不会引发敌意。我是黑人，还是白人，还是塔斯卡罗拉人，并不是由我的肤色决定的。他们曾经是我的族人，现在依然如此，因为我在这个世界上与他们同行，他们也与我同行。他们的音乐、故事、美食和民俗都让我感到温暖自在。我所继承的其他文化遗产，比如我的信仰传统、我家人的爱，以及某些美国历史观念灌输给我的对正义的追求，也都照亮了我的人生。然而，还有一些负面的遗产，比如白人至上主义依照其价值观建立并竭力维系的那些制度，则像一条沉重但又无形的锁链束缚在我的脖子上。有时它们使我绝望得几乎瘫痪。

不过，白人至上主义也有其自身的历史发展和演变过程。为了让白人相信他们是"白人"，他们原本的那些源自不列颠群岛、法国乡村或莱茵河流域的风俗习惯必须被遗弃，取而代之的则是那些将他们与种植园主联系在一起的各种迷思和传统。这不可能是一种共享财富式的文化，因为那些声称拥有黑人奴隶的人绝不希望看到他们的个人财产遭到削减。白人身份认同在很大程度上形成了一种共享恐惧式的文化。

白人告诉他们自己，黑人只要获得哪怕一点点自由，就会对白人施加恐怖的罪行。白人身份为贫穷白人提供的只不过是一种共同对抗一系列虚构威胁的所谓团结感，而无法提供任何实际的物质利益。如果米切尔县的白人可以仅凭想象中黑人的威胁就宣称有权进行自卫并把所有黑人驱逐出境，那么在其他情况下，这些白人也会虚构出各种各样的新威胁，比如肮脏的移民、性别中立厕所里的恋童癖，或者伪装成工人并想通过工会推进劳资谈判的激进主义者。在宣称"白人是利益共同体"之外，这些白人至上主义的迷思还列出了一长串对其信徒构成生存威胁的名单。

但我们不能忽视以下基本事实：白人至上主义对白人和有色人种一样有害。它使它声称要提升的人失去人性；它利用它声称要捍卫的人；它所具有的破坏性已经对整个地球产生了严重影响，甚至有可能把我们居住的星球变成一块在太空中旋转的冰冷而空洞的石头。白人至上主义并非与生俱来，也必然走向终结，而它的灭亡，要么会让世界陷入无尽的空虚和沉默之中，要么会催生出一个更加公正、博爱、自由与和平的世界。上帝的审判是公正的，但并不总是美好的。我们拖延已久的清算日已经到来，我们既是被告，又是陪审团。我们必须根据正义揭示的真相来决定自己的命运。

如果我们要诚实面对历史，就不能忽视这样一个事实：自由观念的进步与种族主义迷思的发展是并行的，而这些迷思，就是为了合理化动产奴隶制这一谋杀性的罪行而被创造出来的。美国绝对不是唯一一个实行过奴隶制的国家。4个世纪前在弗吉尼亚东部出现的种植园经济的独特之处既不在于它的暴力，也不在于它对人类生命的贬低；它的独特之处在于，在宣称每个人都拥有与生俱来的权利的同时，它又因为肤色的不同而断定某些人注定要永远被奴役。种族主义是唯一能调和美国这一激烈矛盾的东西。

当我们停下来回顾白人是如何变成"白人"的时候，我们会很明显地发现，白人至上主义并非发乎自然，而是一种人为的结果。正如詹姆斯·鲍德温所说："我们创造了现在生活的世界，我们必须重新改造它。"[35]美国新生民主的遗产、所有贫困和低收入人群的命运，以及我们这个星球的可持续生存能力——所有这些问题都与我们做出改变的能力息息相关。如果我们要在400年后的今天选择一个更好的未来，那就意味着我们必须认识到，当今这显而易见的白人贫困并不是一场新近才出现的道德危机。白人的所谓身份认同，不过是一个基于谎言的产物。他们利用一个古老的迷思来不断重复那些长期存在的根深蒂固的恐惧，从而使这种身份认同得以长久维系并被持续重构。

这些恐惧不仅塑造了白人的身份认同，也影响了黑人，而且这种影响深入日常生活之中，并一直持续至今。尽管我父亲很早就跟我说我有欧洲血统，但亲身经历却让我早早地对白人产生了恐惧。

我14岁那年，有一天晚上去看望我的叔叔理查德。叔叔身高超过一米九，体形魁梧，每天都会干体力活。他早年和我父亲一样搬到了印第安纳州，后来回到北卡罗来纳州，并和一个名叫乔伊丝的白人女子成了家。理查德叔叔和乔伊丝婶婶都是手艺人，他们从印第安纳州搜集了不少老房子的门窗。搬回老家后，他们雇用了我帮他们建房子，我也因此学会了一点木工活。我特别喜欢去他们家，那儿有我所见过的最大的床。

那天晚上，正当我们坐在叔叔家宽敞的客厅里看电视节目《桑福德父子》时，我注意到窗帘外有橙色的光在闪烁。"该死。"我听到理查德叔叔说，他从椅子上站起来，走出房间，然后拿了两把枪回来。他把一把枪递给我，说道："站在后门，如果有人试图闯进来，你就开枪。"

理查德叔叔一手拿起手电筒，一手拿着另一把枪朝前门走去。"蹲下。"我听到他对乔伊丝婶婶说，然后走出了前门。

我照他说的做了，默默地站在后门，心里想着，我这个刚十几岁的年轻人，今天晚上是不是真的要杀人。片刻之后，我听到了两声清晰的猎鹿枪响——砰、砰。接着传来理查德叔叔的声音："下一枪可就要直接瞄准你们了！"

我听到轮胎在泥土中打滑的声音，接着理查德叔叔又开了一枪，然后就再没有声音了。我不知道自己该做些什么。几分钟后，理查德叔叔回来了，他从我手里拿回他的枪，把它收好，然后坐回电视机前，好像什么事都没发生过一样。他没有再说一句话，但我注意到猎鹿枪仍然靠在他身边的墙上。

那天晚上我们没有谈论这件事，但我后来得知，那天晚上是三K党来院子里焚烧十字架[1]，因为乔伊丝婶婶上一段婚姻所生的儿子安迪跟学校里的白人男孩说起过，他的父亲是个黑人。安迪并非不懂得反抗，而且他块头很大。当其中一个男孩对安迪的母亲出言不逊时，安迪出手揍了他，并把他打倒在地。这足以导致他被学校遣送回家，也足以让当地的三K党聚集起来，在理查德叔叔的院子里放火焚烧十字架。

20世纪70年代，在距离白人身份被塑造出来以防止贫困黑人和白人形成政治联盟的那个时空点有几百年之久、几百英里[2]远的某个地方，作为一个青少年的我却仍不得不思考是否需要通过杀人来保护自己和家人。如果说把白人团结在一起的迷思是以恐惧作为其黏合剂，那么它所激发的行动也教会了黑人要对他们的邻居保持警惕。那些在夜幕下聚集在理查德叔叔家门外的人没有看见我，他们也看不见我。事实上，那些人也根本看不见理查德叔叔或乔伊丝婶婶，哪怕他们俩与那些人生活在同一个社区，且是你能遇到的最勤劳的人。理查德叔叔是个养猪人，还在镇上做点生意，乔伊丝婶婶则在当地的工厂工作。毫无疑问，他们俩肯定曾与来他们院子里焚烧十字架的某些暴徒打过交道。但是，因为被赋予了共同身份的迷思，这些白人眼里只剩下了那些让他们业已产生恐惧的刻板印象。他们没有停下来思考这些恐惧究竟服务于谁的利益。作为一个胆怯的14岁孩子，我也没有太多的时间去思考这个问题。

由此，"白人是利益共同体"这一迷思，便通过其所激发的

---

[1] 这是三K党实施恐吓和威胁的一种象征性行为。——译者注
[2] 1英里≈1.609千米。——编者注

暴力行为以及人们对这些暴力行为的反应而得以持续。然而，在美国内战之后，这种于弗吉尼亚殖民时期便开始形成的迷思及其所构建的种族身份认同却遇到了存在危机。至1860年，这种在弗吉尼亚殖民时期建立的社会结构已经对美国社会产生了深刻影响。在财富超过10万美元的少数美国人中，有2/3的人生活在梅森-迪克森线以南。当时，纽约州人口中的百万富翁占比比密西西比州还少，南卡罗来纳州是美国最富有的州。南方财富的来源是主要农作物，特别是棉花，这些作物由受奴役的男性、女性和孩子以及他们贫穷的白人伙伴共同生产，然后被销售到全球市场。由于种植园经济的巨大盈利能力，种植园主们更愿意把钱投入到购买奴隶上，而不是用于发展工业或建设铁路。然而，尽管种植园主投入了大量的资金，奴隶这一规模庞大的贫困劳动力群体却没有得到任何的报酬，这为种植园主节省了大量成本，棉花也因此能够一直维持低价。这也导致贫困白人农民的收入一直处于低水平。

在1865年美国宪法第十三修正案通过后，先前遭奴役的人获得了美国公民身份。[36]在这一新角色下，他们开始与愿意视彼此为盟友的北方和南方白人展开合作。在内战结束后的4年内，由白人和黑人组成的联盟控制了南方所有州的议会。他们一起选举了新的领导人，其中有一些是白人，也有许多是曾被奴役的非裔美国人。到19世纪60年代末，几乎所有南方立法机构都已经被以黑人为主的联盟或强大的跨种族融合联盟控制。与当年培根组建的多种族穷人联盟类似，这些新联盟也是以贫穷的黑人和白人为主，同时也不乏一部分有钱有势的盟友。但和当年不同的是，在多种族民主政体下，这些新的融合联盟有能力发展出更具建设性的权利分享模式。这是美国历史上一个极其重要的时刻。

这些 19 世纪的融合联盟制定了新的地方宪法，并承诺依据宪法为所有美国人提供更好的身份认同。他们还建立了公立学校，并通过地方宪法赋予了所有人接受公共教育的权利——这是时至今日还没有被写入美国联邦宪法的内容。在北卡罗来纳州，新宪法规定"为穷人、孤儿和寡妇提供福利是一个文明基督教国家的首要责任"[37]。这部宪法还保障劳工权利，并赋予人们"享受自己的劳动果实"的权利。[38]当黑人和白人第一次以平等公民的身份合力参与美国的公共生活时，他们都认识到，不提供维生工资的劳动其实是一种变相的奴隶制——不仅对黑人如此，对所有人都是如此。他们扩大了选举权的覆盖面，并在刑事司法系统中引入了新的公平原则。在 19 世纪 60 年代末，当贫穷的白人拒绝了古老的迷思并加入融合联盟时，一切似乎都有了可能。

然而，第一次重建的试验遭遇了日益强大且不正当的反对势力。[39]许多前邦联成员认为，黑人公民权和跨种族融合联盟在本质上是非法的，更不用说在道德上令人厌恶。他们组织了三K党来恐吓那些被他们视为种族叛徒的白人。他们攻击黑人领袖，并开始编造谎言故事，声称政治权力的旁落将释放出"黑人恶魔"，白人女性则将沦为这些邪恶物种的泄欲工具。这套谎言说辞导致后续出现了数以千计针对黑人的私刑行为。以团结起来保护白人女性为号召，受到鼓动的白人男性开始寻求通过对黑人实施仪式性献祭来确立自己的种族身份。而通过宣称保护白人女性免受假想敌人的威胁，实施私刑也就变成了白人识别自身身份和社会归属的一种途径。

私刑就是通过暴力来对这一迷思进行仪式化再现，但政客和其他公众人物认识到，这个故事唤起的恐惧狂热也可以将白人团结起来，共同对抗那些与黑人政治权力相关的理念。保守派开始高调反对增税，因为增加的税会被用于扩大公共教育，造福所有公民。呼吁减税就是为了结束第一次重建，以使州政府无法兑现后奴隶制时代的经济承诺，无法提升原奴隶人群的社会地位。反动保守派希望阻止融合联盟在拓展公民机会、扩大民主和支持公共教育方面的各项努力。他们虽然不能直接剥夺黑人的选票，但可以通过祖父条款、人头税和识字测试来削弱宪法第十五修正案对投票权的保障。第一次重建的敌对势力慢慢地控制了法院，并于1883年废除了1875年《民权法案》。1876年，拉瑟福德·伯查德·海斯通过一场腐败的选举当选美国总统，第一次重建就此名存实亡。美国的第一次重建，就这样被恐怖主义暴力和私刑暴徒所再现的古老迷思扼杀。

这场攻击重建的反动运动的口号是什么？他们为什么要撤销投票权，取消刑事司法改革，废除法律下的平等待遇？如果回顾一下这个时代最恶毒的政治演讲，你会发现它们听起来与后奥巴马时期的美国政治言论出奇地相似。19世纪70年代，南方白人至上主义候选人表示希望"夺回"他们的国家。他们说他们必须"拯救美国"。到了世纪之交，第一次重建的所有成果都被推翻了。正如北方殖民地的代表在1786年的制宪会议上屈服于南方奴隶主的要求一样，共和党现在也向南方民主党妥协，同意将联邦军队撤出南方，并于1877年结束重建工作。关于危险的黑人恶魔的迷思只不过是反联邦失败者编造的一个虚假故事。尽管如此，这一迷思却帮助许多白人赢得了这场文化战争，因为它为联邦军队的撤退提供了一个合乎逻辑的解释，也为他们创造了一个共同的敌人，使其在美国公共生活中能够保持团结一致。

托马斯·狄克逊是一位浸信会牧师，他的叔叔曾是19世纪70年代白人至上主义运动的领袖之一。狄克逊在其1905年的小说《同族人》中对这一迷思进行了戏剧性的演绎，该小说在20世纪初经改编后成为一部风靡南方的舞台剧。[40] 他在小说里写道，北方的投机者试图剥夺南方白人的土地和投票权，并欲使此前的奴隶具有凌驾于其白人同伴之上的政治权力地位。这种历史描述引来了数以百万计南方白人的欢呼雀跃。狄克逊的小说中有一个叫作格斯的黑人恶魔角色，他残忍地强奸了书中白人男主人公青梅竹马的恋人，并导致她跳崖自杀，这一恶行最终促使故事的主人公加入了三K党，发誓从黑人手中夺回美国南方。那些在理查德叔叔的院子里烧十字架的人可不是凭空编造出那些恐惧故事的。

狄克逊在小说中呈现的所谓历史，几乎与重建时期及之后的实际情况完全相悖。几乎没有曾经被奴役的黑人得到过威廉·特库姆塞·谢尔曼将军在战地命令中所承诺的"40英亩土地和一头骡子"。[41] 1865年4月亚伯拉罕·林肯总统遇刺后，他的继任者安德鲁·约翰逊总统下令将所有土地归还给种植园主，这些曾经发动叛乱而后又被赦免的人被获准继续剥削他们以前的奴隶，此前的佃农制度和监禁劳工制度也因此被保留了下来。被剥夺投票权的是那些曾经被奴役的人，而不是南方的白人。遭受极端暴力的是黑人和白人的融合联盟，而不是白人保守派。尽管狄克逊的作品遭到了北方媒体的集体嘲笑，但仍有数百万白人争相前往剧场观看该剧的演出。1915年，也就是在《同族人》这本书出版10年后，D. W. 格里菲思将其改编成为一部极其有影响力的无声电影——《一个国家的诞生》。受其大学好友、时任美国总统伍德罗·威尔逊的邀请，狄克逊前往华盛顿观看了这部电影在白宫举行的首场放映会。

  对重建的强烈反对使得白人身份认同以古老迷思的新形式重获新生，但与此同时，它也坚定了一些美国人实现多种族民主梦想的决心。正是在这个时候，兰斯顿·休斯发出了美国要再次成为美国的疾呼。也正是在这个时候，宗教领袖开始筹建致力于以非暴力形式击败"吉姆·克劳"①的各类组织。在二战后的几十年里，黑人和白人、拉丁裔走到一起，他们通过建立各种组织来增强自身力量，展现出了勇于揭露真相、勇于进行斗争以及勇于承受各种困苦的决心。[42] 1960年的复活节周末，曾在全国各地静坐示威活动中被捕的黑人和白人学生齐聚于北卡罗来纳州罗利市的萧尔大学，成立了一个名为学生非暴力协调委员会的新组织。这个组织致力于至爱社区②的建设，竭尽全力在他们的时代实现民主的承诺。他们把一个黑人和一个白人紧握双手的图像设为该组织的标志，他们通过自由乘车、选民登记运动和抗议游行等方式来对抗三K党和"吉姆·克劳"执法部门的暴力与压迫。道德

---

① 在美国的历史语境中，"吉姆·克劳"指的是一系列旨在维持种族隔离和白人至上主义的法律和社会规范。这个词会在本书中多次出现。——译者注
② 这是马丁·路德·金提出的一个平等、包容和公正的理想社会理念。——译者注

融合的愿景鼓舞着他们，使他们勇敢地成为第二次重建的先锋战士。

20世纪60年代，美国迎来了其历史上的第二次重建。公立学校的种族隔离被废除，医疗补助和医疗保险政策的实施让数千万人获得了基本的医疗服务，妇女和少数族裔终于被纳入了社会保障之中。[43]经济机会的扩展、"向贫困宣战"运动的实施、1964年《民权法案》的通过、1965年《投票权法案》的施行以及最低工资的提高，都是因这场融合运动而取得的胜利成果。在南方亚拉巴马州的伯明翰，为了推动1964年《民权法案》的通过，白人、黑人、犹太人、基督徒和其他反对"吉姆·克劳"的进步人士冒着生命危险，与执法机构的警犬和消防水龙展开了直接的对抗。在塞尔马的"血腥星期日"之后，民主党人迈克·曼斯菲尔德和共和党人埃弗里特·德克森提出了1965年《投票权法案》，该法案明确提出要完全落实在第一次重建时期通过的宪法第十五修正案。这个法案提高了黑人的选举参与度，美国黑人也借此再度获得了在南方竞选政治职位以及与进步白人盟友组建融合联盟的机会。1966年，南方的黑人开始大规模参加选举投票，这是自19世纪以来的一次破天荒景象。尽管选举中仍存在选区划分不公和二次初选等问题，但新时代的曙光已经开始显现。

在第二次重建时期，改善贫困人群的生活水平似乎也成为美国的一项普遍道德承诺。"向贫困宣战"运动分为三个部分：第一部分是通过教育和职业培训来提高劳动者工资；第二部分是提供收入支持，特别是针对单身母亲和老年人；第三部分则是致力于为所有种族的老年人和穷人建立一个由政府支持的医疗保健系统。因此，虽然说民权运动的主要目的在于打破种族隔阂，但事实上，第二次重建中的很多政策都取得了普惠全民的效果，贫穷的白人、妇女、儿童和老年人都因此而受益。在1960年，即"向贫困宣战"运动启动之前，超过1/3的美国老年人和30%的美国儿童生活在极度贫困之中。到1975年，美国的儿童贫困率减少了一半，老年人的贫困率减少了60%。从绝对数字来看，大多数摆脱贫困的是白人。当时，消除贫困并没有被框定为一个党派争议或左右之争，相反，它被视为一个影响我们所有人的道德问题。用当年克纳委员会报告里的话来说就是，许多美国人都认识到，"个人的福祉与社会整体的福祉相互依存，密不可分"。

于孟菲斯遇刺前不久，马丁·路德·金博士将民权运动和"向贫困宣战"的道德愿景相结合，发起了1968年的"穷人运动"。在他最后的演讲之一中，金说美国患上了精神分裂症。[44]他借用迈克尔·哈灵顿在其关于贫困的里程碑式著作《另一个美国》中所述之观点，提出了两个美国的概念：一个是美丽的美国，数百万人于其中享用着繁荣的乳汁和平等的蜜汁；但同时还有一个极度贫困的美国，它把希望的活力变成了绝望的疲惫。金博士通过这两个美国的对比确立了"穷人运动"的道德框架。这样一个不平等的社会本不应该存在。美国第二次重建的道德融合运动超越了那些基于恐惧和分裂的古老迷思，为人们提供了一种新的身份认同。贫穷的白人没有必要相信那些谎言，因为那些有着黑色和棕色皮肤并希望得到更高工资和投票权的穷人群体并不是他们的敌人。他们可以携起手来，共同创建一个人人都能安居乐业的美国。

和在 19 世纪 70 年代反对第一次重建一样，反动保守派，即所谓的"新右派"也对第二次重建进行了强烈的抵制。他们诉诸暴力和恐怖，在伯明翰教堂炸死了 4 个小女孩，他们在密西西比州杀害了米基·施韦特纳、詹姆斯·钱尼和安德鲁·古德曼等民权工作者，他们还谋害了第二次重建运动的许多领导人。他们还为古老的迷思编写了崭新的剧本。尼克松的竞选助理兼共和党战略师凯文·菲利普斯制定了新的选举攻击策略。[45] 他说美国政治的秘诀在于了解并利用不同群体之间的敌意，所以他制定了所谓的"南方战略"，力劝那些对民权运动持反对态度的南方白人脱离民主党。共和党战略师李·阿特沃特后来描述了这一机制的运作方式[46]，他说：

> 在 1954 年的时候，你还一口一个"黑鬼"，但到了 1968 年，你就不能再说"黑鬼"这个词了——因为这会对你不利，会让你反受其害。所以你现在改口了，说的全是"强制性校车接送制度""州权"之类的东西。你现在变得抽象了。你开始谈论减税。这些事情听起来完全是经济问题，但它们却意外导致黑人受到了更为严重的伤害，白人也越来越将他们自身的问题归咎于黑人以及其他被认为是在不劳而获的人群。

利用一则名为"威利·霍顿"的竞选广告，阿特沃特成功辅佐乔治·赫伯特·沃克·布什赢得了 1988 年的美国总统大选。通过塑造一个恐怖的黑人强奸犯形象，这则广告极大地加深了选民之间的分裂，并最终推动竞选朝着阿特沃特所预期的方向发展。之后阿特沃特成为共和党全国主席，在任期间，他的主要目标就是让大多数南方白人抵制和排斥任何黑人与白人之间的政治联盟，从而稳固共和党在美国南方的政治基本盘。阿特沃特承认，"南方战略"实则起源于1968年和1972年由亚拉巴马州种族隔离主义者、州长乔治·华莱士发起的总统竞选。华莱士没有赢得选举，但他成功教会了新保守派极端分子如何使用反犹太主义、反共产主义的话语和"狗哨"式种族主义暗语来调动白人选民的激愤情绪，煽动其对黑人自由运动、反战运动、反文化运动和妇女解放运动的恐惧与憎恨。

虽然华莱士在竞选中败北，但理查德·尼克松向共和党证明了自己可以比华莱士更华莱士。在1968年总统大选后，菲利普斯劝说尼克松，他们不仅需要吸引南方的白人选民，北方的所谓"白人族群"也应当成为他们全力争取的对象。例如，菲利普斯曾准确地预测到，一些群体，甚至包括许多在纽约的民主党人，会因为"不喜欢纽约民主党被犹太人和黑人掌控"而转投共和党。南方将成为共和党的政治大本营，但为了构建一个新的白人政治联盟，"南方战略"也必须在郊区和整个"阳光地带"得到运用。这个新的白人政治联盟不需要再打出种族主义的旗号，因为仅依靠对古老迷思下那些传统恐惧的崭新演绎，他们就可以很快地实现彼此之间的团结。

罗纳德·里根在1979年和1980年展开的以"让美国再次伟大"为口号的总统竞选活动，正是以这套政治策略为蓝本。里根是通过攻击加州大学伯克利分校、马丁·路德·金和黑豹党而成为加利福尼亚州州长的。他是废除加利福尼亚州 1964 年《拉姆福德法案》运动的支持者，该法案禁止业主以种族或宗教为由拒绝出租或出售房产。当里根赢得 1980 年共和党总统候选人提名时，他的团队选择在密西西比州的费拉德尔菲亚开始他的竞选活动，而这座城市只因一件事而闻名：三名民权工作者曾在那里被谋杀。里根称 1964 年《民权法案》是糟糕的立法，称《投票权法案》是对南方的羞辱，还声称自己曾在杂货店排队时遇到过"一个手里拿着满满一沓食品券和一堆高档牛排的年轻黑人壮汉"。这里又出现了那个虚构的黑人恶魔，只不过这一次，这只恶魔觊觎的不再是白人女性，而是白人男性更看重的东西：他们的血汗钱。利用"南方战略"中的那些隐喻性表达，里根在南方获得了压倒性的胜利，并最终在全国范围内赢得了大选。

20 世纪 70 年代末那些到我叔叔理查德的院子里焚烧十字架的人，其实并非愚昧无知；实际上，他们是听信了一些美国公共生活中的有权有势者编织的故事，并把自己带入了进去。"南方战略"通过其暗示性的语言继续传播古老的迷思，它宣称异族通婚违反了白人的身份认同基础，并对美国社会的道德结构构成了严重的威胁。但是，这个迷思掩盖了各类跨种族关系有助于促进互相理解的事实，而这种相互理解恰恰是推动美国不断迈向更完美联邦的一项关键因素。恐惧使那些人无法看到这种希望，而且因为他们的恐惧把我推向了潜在的暴力境地，这也几乎让我否决了任何与白人合作的可能性。不过，感谢上帝的恩典，我成长在一个珍视道德融合的家庭和社区，这既是我们的传统价值观，也代表了我们对未来的期许。随着时间的推移，我也通过亲身经历体会到，比起那个通过维系白人身份认同来支撑一个只为少数人的利益服务之制度的迷思，我们还要面对一个更加根深蒂固的谎言叙事。

第四章

迷思二：只有黑人谋求美国变革

要想通过发动一场有效的运动来消除贫困，我们需要彻底地破除那种认为抗议、激进主义和任何变革运动都仅是黑人之事的迷思。像许多迷思一样，这一叙事也以铭刻于纪念碑和设立全国性节日的方式被固化。它歌颂那些反对奴隶制和种族隔离的黑人民权领袖和废奴主义者。它为今天的黑人领袖创造了一定空间，使其能够参与解决警务改革、政治投票权或高等教育多样性的问题。这个迷思让我们中的许多人自我感觉良好，觉得自己颇具公民意识，但它实际上非常具有迷惑性，因为它将黑人争取正义的斗争和大多数人对于极端不平等的抵制隔离开来。没有什么能比各种族的人团结起来要求变革更能削弱这个古老迷思的力量。

2013年4月，在我们举行的第一场"道德星期一"活动上，我在北卡罗来纳州议会大厦前的花岗岩广场上看到了那个以黑色文字装饰的巨大州徽。州徽上的拉丁文 Esse quam videri，意为

"内在胜于表象"。我们的抗议团队中有黑人、白人和拉丁裔，有年轻人和老年人，有残疾人，也有北卡罗来纳州著名小说家雷诺兹·普赖斯在开始使用轮椅后口中常说的"暂时健全者"[47]。我们的队伍充分体现了北卡罗来纳州的人口多样性。我们去到那里的目的，是实实在在地替所有贫困和弱势的北卡罗来纳人发声，而不只是装装样子。虽然我们中有几个人领导着全州性的组织，但我们没有担任任何公职，因为我们不想让这次抗议被视为一场与任何政党有关联的运动。我们所采取的行动具有道德权威性，这源于州宪法赋予我们的基本权利，即我们有权监督这些民选代表。[48] 我们之所以团结一致，是因为我们对民众整体利益有着一致的追求。

为了引领队伍，我与芭芭拉·泽尔特女士手牵手走在最前面。她是一位白人社会工作教授，戴着方框眼镜、身穿黑色套装。我们有意地缓步前行，在经过一队安保人员之后，我们进入了议会大厦的一个大厅，那里是立法者和他们的工作班子，以及说客、媒体在会议期间经常聚集的地方。由于电视摄像机的追拍，还有一队紧张的安保人员跟随，我们引起了那些对此处日常事务早已习惯的人们的注意。当我们默默地走向电梯，准备上到州众参两院所在的二楼时，我听到大厅的拱形天花板上传来一阵低语的回声："他们从哪里找来的这么多白人？"

这是一个很值得深思的问题。我从担任美国全国有色人种协进会北卡罗来纳州分会主席近10年的经验中了解到，州政府的大多数人自认为知道如何处理黑人和民权问题。新当选的共和党州长帕特·麦克罗里在就职后不久就把我请到了他的办公室，并承诺只要我同意不公开批评他,他将每月与我碰面,讨论我们州非裔美国人所关心的问题。我明确告诉他,我不是来喝茶吃点心的。我代表的是一个旨在为所有人争取公正的联盟。

共和党和民主党都很认可我作为一名民权领袖的角色,他们常常希望借助我的身份来纪念历史上那些为争取正义平等而进行的斗争。一些政党人士,尤其是黑人民主党人,经常邀请我出席那些旨在倡导教育领域种族平等、医疗普惠以及环境正义等方面的活动。但州政府中很少有人能想到,我这个全国有色人种协进会北卡罗来纳州分会的主席会与一位白人女性手牵手,带领一个充分体现该州多元化的群体,发起一场旨在为所有人伸张正义的运动。我在州议会大厦大厅里听到的那个问题让我意识到,在关于我们是谁的问题上,我们一直深陷于某些传统叙事之中,但我父亲在我出生时竭力为我争取的身份以及他总是在谈论的道德融合却对这些传统叙事发起了实实在在的挑战。

事实证明,这些叙事完全不符合历史。它们都是基于对黑人领导的组织和运动的刻板印象,掩盖了我们真实的历史。举个例子,成立于1911年的全国有色人种协进会,实际上是由白人和黑人共同创立的,他们团结一致,共同揭露了白人至上主义者的反民主恐怖主义行径。[49]尽管如今该机构已成为一个以黑人为主导、以表彰黑人成就和举办颁奖典礼而闻名的民权组织,但在一个多世纪前,全国有色人种协进会的创始人主要是白人,甚至还有很多犹太人。这些白人震惊地发现,在血腥的内战之后,公民权和法律面前人人平等的内容虽然都被明文写入美国宪法,但那些极端分子阳奉阴违:他们一面用"隔离但平等"的语言来假装遵守法律条文，一面却对任何为黑人争取平等权利的人处以私刑。玛丽·怀特·奥文顿是一位来自纽约的白人社会工作者，也是美国全国有色人种协进会的第一任执行秘书，她坚持在位于纽约市的办公室外悬挂一面写有"昨天有黑人被私刑处决"的旗帜。尽管无法直接制止这种极端主义，但美国全国有色人种协进会的多种族联盟仍坚持曝光和反对种族隔离制度下的反民主恐怖主义行径。

美国全国有色人种协进会早期反种族主义的力量在于，它认识到白人至上主义对大多数人是有害的，即使是那些被赋予了所谓白人"特权"的人也不例外。面对那些支持将财富集中于少数人手中的迷思，加以抵制并不仅仅是黑人的工作，而是所有相信民主应该惠及全体民众的正义之士的责任。

美国全国有色人种协进会的黑人联合创始人之一艾达·B.韦尔斯是奥文顿的朋友，她清楚地看到，反私刑不仅是一场争夺政治控制权的斗争，也是一场关乎美国如何定位自我身份的斗争。[50] 韦尔斯参与反私刑暴力的运动，其初衷非常私人化：那些在她的家乡孟菲斯遭受私刑暴力袭击的黑人男性都与她熟识，而且她知道这些受害者之所以成为被袭击的目标，仅仅是因为他们拒绝接受种族隔离制度下的二等公民地位。经济上独立的自由黑人对孟菲斯的那些维护旧时种植园经济秩序的人构成了威胁。而且韦尔斯注意到，凡是挑战该秩序的人，无论肤色黑白，都会成为私刑暴徒的目标。

然而，媒体的报道并非如此。私刑暴徒针对的主要目标是那些挑战"吉姆·克劳"的人，尤其是那些取得成功的黑人男性。

韦尔斯指出，那些私刑的受害者从来都不是以主张宪法赋予他们的权利之名被指控，而是以违反了某些道德准则为由被指控。最常见的报道之一就是黑人涉嫌强奸白人妇女。私刑暴徒显然没有耐心等到有足够的证据证实这些指控，于是韦尔斯感觉到，自己有必要通过事后的新闻调查来揭露真正的事实。私刑暴力不仅导致数千名黑人被害，更使数百万黑人被迫逃离家园，开启了史无前例的"大迁徙"，韦尔斯则以其报道挑战了那些掩盖了私刑暴力真正原因的迷思。

私刑根本不是为了保护白人女性免受假想中的黑人男性的野蛮践踏。事实上，这是一种恐怖主义行为，其目的不过是摧毁黑人和白人在内战后为共同重建美国而组建的政治联盟。私刑暴力行为所依托的，是一种认为只有黑人希望在南方进行变革的迷思。一个多世纪后，当我和一位白人女性手牵手走进州议会大厦以寻求公正之时，这种迷思又一次在我们的眼前暴露出来。事实证明，这一迷思不仅仍存在于世，而且还在主导着我们共同的生活。

于是我们了解到，那些深谙政治运作的人，自以为找到了应对黑人抗议之道。如果他们能够将抗议框定为历史上少数受压迫群体的不满，那么他们就能将其限定在一个可控的范围内，避免其对现有的运作体系产生任何重大冲击。但是，如果白人、拉丁裔和原住民群体开始意识到，他们的黑人同胞正在反对的那套体系同样也在对他们造成伤害，那可如何是好？这就打破了原来那套人们习以为常的叙事，使一些人开始发问："他们从哪里找来的这么多白人？"

在20世纪60年代初的民权运动期间，学生非暴力协调委员会的黑人和白人组织者与亚拉巴马州达拉斯县的本土活动人士合作，共同发起了一场争取投票权的运动。[51] 这场运动遭到了当地治安官吉姆·克拉克的暴力镇压，并引起了全国的关注。警察骑在马背上用警棍袭击非暴力游行者的场面，促使成千上万的美国人涌入亚拉巴马州，完成了从塞尔马到位于蒙哥马利市的州议会大厦的争取选举权的游行。这场运动本是一场争取民主权利的基础性斗争，但治安官克拉克却通过撰写一本名为《塞尔马强暴》的回忆录，重新搬出了韦尔斯曾试图揭露的那套古老迷思。克拉克暗示，如果这些黑人获得了他们所要求的政治权力，那么接下来他们就会想要抢走你的白人女儿。在近一个世纪之前，他们就用这套叙事来诓骗南方的白人，让他误以为争取投票权的斗争与其利益毫无关系，没想到现在他们竟然又玩起了老把戏。

1965 年从塞尔马到蒙哥马利的游行，目的就是在全美电视观众的面前驳斥这一迷思。当大约 2.5 万人沿着德克斯特大道向山顶进发，并最终行至亚拉巴马州议会大厦的洁白台阶处时，他们经过了一座位于右手侧的砖砌小教堂，那里正是马丁·路德·金博士于 10 年前开启其牧师生涯之处。在那条宽阔的街道上，包括黑人和白人在内的各肤色人群都真切地体会到，如果所有人种都能获得平等投票的权利，南方就有可能出现一个新的政治联盟。那是由一位神职人员领导、由黑人和白人共同组成的多种族融合联盟，而对于这位名叫马丁·路德·金的神职人员来说，投票权不仅仅是一个法律或政治问题，更是一个关乎所有美国人的道德问题。

1965 年 3 月，马丁·路德·金博士面对这群游行者，就种族主义的持久迷思如何被用来破坏对民主的承诺这一问题，做出了美国公共生活领域有史以来最为深刻的分析。[52] 大多数美国人都记得马丁·路德·金博士在1963年华盛顿特区大游行时发表的演讲《我有一个梦想》，那场演讲以其激昂的辞藻和鼓舞人心的内容广为人知。但几年后，在亚拉巴马州议会大厦的台阶上，他却以演讲的方式详细回顾了南方的历史，并当着全国电视观众的面揭露了"南方贵族"利用种族隔离来阻止贫穷黑人和白人实现共同政治利益的卑劣行径。那些有钱的精英试图将种族隔离问题框定在饮水器分离和学校分离等表面琐事上。他们允许在公共场所进行"垂直整合"，指定黑人可以在个别情况下使用公共游泳池——例如，在游泳池的水被排干后。但他们禁止黑人坐在一起或靠在一起，尽一切可能阻止他们形成能够使其结成共同纽带的友谊和亲密关系。马丁·路德·金认为，种族隔离的根本目的就是要瓦解一切可能会使南方发生变革的政治联盟。"当南方的黑人和白人威胁要团结起来建立一个伟大的社会时，就发生了这样的事情。"他解释道。通过回顾历史，马丁·路德·金让在现场的听众意识到，他们的这场游行本身，就是在破除争取投票权的斗争只是黑人的斗争这一迷思。

马丁·路德·金坚持认为，旧种植园制度的分而治之策略在一个世纪后仍在发挥作用。当亚拉巴马州的黑人要求获得投票权时，或者当他们在挑战"吉姆·克劳"的任何一方面时，他们都不仅仅是为了在一场争夺有限资源的零和博弈中"获得自己应得的"。他们继承了美国人反对集权滥用和乐于为民主而奋斗的悠久传统，他们希望建立起一个让所有人都能自由发声、所有人都可以获得充分发展的民主体制。黑人并非起来反抗他们贫穷的白人邻居，而是与后者站到一起，共同反抗那个反复被用来破坏民主的古老迷思。

半个世纪后，当我们走进北卡罗来纳州议会大厦，听到有人大声问"他们从哪里找来的这么多白人？"时，我知道我们仍然在面对同样的迷思。在后民权时代，美国公众生活中的道德叙事发生了变化，但这种陈旧的叙事及其分裂策略并没有消失。现代的政客不再认为公开承诺支持种族隔离或使用明确的种族主义语言来动员选民是一种有利之举。尽管如此，他们的战略师还是找到了充分利用旧有恐惧和挑起分裂的其他方法，通过谈论"福利计划"和"贫困文化"来煽动情绪，暗示黑人和棕色人种与想象中的美国传统价值观不符。通过将贫困的白人群体与旨在推动变革的努力隔离开来，他们试图掩盖一项重要的事实：在政府的减贫项目上，贫困的黑人和白人存在着共同的利益，因为这些项目旨在从社会的底层着手，能够让所有人受益。

可悲的是，即使是亲身经历过种族主义之痛的黑人领袖也常常参与这种分裂叙事。一些民权领袖欢庆种族隔离结束给黑人所带来的机会，接受了为种族代言的角色，并努力确保其他黑人有机会跻身美国社会的精英阶层。许多黑人男女因为在其领域所取得的首屈一指的成就而受到赞誉。与此同时，一场反种族主义运动也开始在21世纪兴起。该运动指出，和半个世纪前相比，在几乎所有领域，不同种族群体之间的不平等现象不但没有得到任何改善，甚至变得更加严重了。根据皮尤研究中心的数据，1967年（首次搜集数据的年份），美国黑人家庭收入中位数是白人家庭收入中位数的 55%。[53] 半个世纪后，美国黑人家庭和白人家庭之间的收入差距几乎没有得到改善。

这些数据表明，黑人精英的成功对提升贫困和低收入黑人的生活水平作用不大。与此同时，皮尤研究中心的数据显示，美国贫困和低收入白人的数量在同一时期有所增加，而中产阶级占总人口的比例则从 61% 降至 50%。在美国日益不平等的经济体系中，的确有少数的黑人和白人实现了经济地位的跃迁，但由于政策原因，每个种族的低收入群体人数都在增长。一个可悲的经济现实是，尽管有许多黑人领导者被"纳入"了现有的体系，但这个体系仍旧无法有效地为所有种族的贫困和低收入者提供实质性帮助。

这种把抗议活动视为黑人专有之事业的迷思，忽视了种族正义的更广泛目标，让人把注意力都聚焦于黑人是否能够被纳入那些曾长期排斥他们的公共体系之中。虽然一些黑人精英成功融入了美国日益不平等的经济体系之中，但这也让我们中的许多人忽视了 1.4 亿美国人正在承受贫困之痛的现实。早在民权运动期间，马丁·路德·金博士就看到了这一点，他说："我担心我正在把我的人民带入一座着火的房子里。"令人遗憾的是，少数人的个人成就已使本该唤醒我们所有人的警报销声匿迹。

正如经济学家伊曼纽尔·赛斯和加布里埃尔·祖克曼所记录的那样，我们对财富分配的解释方式使我们很难认清美国的贫困危机。[54] 几十年来，"传统上用于研究不平等的收入数据……与国民账户中的国民收入数据之间，存在着巨大且不断扩大的差距"。其他富裕国家却没有出现这样的情况。简单地说就是，富人越来越富,穷人却越来越穷,但在美国,那些最富有的人却可以合法地隐藏他们的巨额财富。与此同时,有工会支持的稳定工作机会越来越少,从事临时性服务工作的美国人则在过去30年里翻了一番。人们在工作上付出的越来越多,回报却越来越少,得到的保障也越来越少。尽管面临着基本生活必需品价格不断上涨的困境,但那些受误导的贫困和低收入者仍自以为是"中产阶级",因为他们还有一定的收入,又或者因为尚未达到官方贫困衡量标准而没有资格获得联邦政府的援助。房子已然着火,温度也已升高,但我们大多数人仍对危险视若无睹。

所谓的白人"特权"几乎没有给贫困的白人带来任何帮助。随着财富向规模越来越小的精英群体集中,贫困白人的生活条件在大幅恶化。然而,认为只有黑人谋求变革的迷思却让许多贫困的白人相信,这种制度仍在某种程度上服务于他们以及他们的价值观。与此同时,那些将贫困归咎于贫困者的政治人物,往往也是最积极地支持对大企业和极端富有者提供巨额减税的势力。在过去40年里,全美不平等程度呈指数级增长,由于白人在美国总人口中占据了更大的比例,所以在贫困和低收入群体之中,白人的数量远远超出了其他所有种族群体,在2018年达到6 600万。但是,只要贫困的白人继续认为抗议活动只是黑人之事业,他们就会继续被孤立,并且容易继续受到一些政客的蛊惑,那些政客总是将白人的困境归咎于其他种族的类似贫困群体。

对于跨种族、跨阶级的政治联盟而言,这种迷思表现出了极其危险的破坏性。民主党人经常通过支持所谓的"黑人议题"来吸引黑人选民,比如呼吁警务改革或设置像"六月节"这样的全国性节日。在这个国家，尽管有超过 60% 的美国黑人是贫困或低收入者，但几乎没有一个黑人党团把消除全民贫困作为其首要任务。与此同时，共和党政客也在利用同样的迷思，暗示他们那些支持"黑人议题"的对手不认同白人的价值观。他们没有推出任何真正能够帮助贫困和低收入白人的政策，而只是通过把自己塑造成"反觉醒战争"斗士、拥护"父母权利"或者在格兰德河沿岸设置铁丝网等行为，煽动民众对黑人、跨性别人士或移民的恐惧。两党都以不同的方式强化了只有黑人谋求变革的叙事。因此，这个迷思继续掩盖贫困问题，使许多直接受其影响的人看不清真正的现实。由于贫困人群很少见到能真正关注他们及其问题的候选人，他们也成为最不可能参与选举的人群之一。

然而，尽管存在种种谎言，真正参加投票的贫困和低收入人群在不断颠覆那些关于自身及其利益的刻板印象。例如，唐纳德·特朗普的当选曾引发媒体上出现一系列关于"经济焦虑"的文章，这些文章声称，经济焦虑就是导致贫困白人群体在 2016 年和 2020 年大选中投票支持特朗普的原因。但两次选举投票后的民意调查都清楚地表明，特朗普在收入低于 5 万美元的选民群体中输掉的票数比其他任何收入阶层都要多。[55] 没错，一些贫困和低收入的白人确实还在相信那些鼓吹种族分裂的古老迷思。他们相信墨西哥移民会抢走他们的工作，他们认为靠食品券维生的黑人妇女是在侵吞他们的血汗税款。但越来越多的贫困白人不再相信这种叙事。事实上，如果不是那些从反动极端主义的减税和亲大企业政策中受益的美国富人，许多不断煽动分裂的政客可能根本就不会当选。

美国政治的问题不在于贫困的白人选民在投票时选择了那些实际上不利于他们自身利益的候选人或政策，而在于贫困的群体普遍缺乏能够代表其利益的政治代表。就像我在华盛顿州阿伯丁的无家可归者营地遇到的利昂所说的那样，各种肤色的贫困人群都被美国的政治领导层抛弃了。在竞选过程中，几乎没有政治候选人提及贫困人群。但你怎么能够在代表美国最贫困地区的同时，却又不关注能够改善这些地区选民生活的政策呢？如果你是民主党人，你为什么拒绝将消除贫困作为核心议题？如果你是共和党人，你为什么选择忽视人民甚或你们支持者的真正需求，而宁愿给富人更多的税收减免？

我们的公共政策被一种两党共识束缚，依据这种共识，贫困并非我们共同生活中的主要威胁。我们有太多的领导人想当然地认为，只要股市上涨，就意味着经济表现良好，于是他们便开始在内部争论，为了让股市上涨，他们到底是该通过给顶层富人减税并实现向下的涓滴，还是应该通过投资中产阶级来促进整体经济增长。但是，当我们真正面对贫困和低收入人群的现实时，这些争论便显得微不足道。有1.4亿美国人，也就是将近一半的美国人已通过亲身经历体会到，现行的各种制度根本无法解决他们的问题。但在我们大多数领导者的眼里，不为最穷困的人发声又能算得上什么问题？当北卡罗来纳州的媒体开始报道"道德星期一"活动时，我们的某位州代表却嘲笑在立法厅外聚集的人群，将他们的抗议活动称为"傻瓜星期一"。

我们继承了道德融合运动的优良传统，并通过持续的行动来将其发扬光大。那个宣称只有黑人才想要推动美国政治变革的陈旧迷思，常常导致我们无法团结起来发出"情况不必如此"的共识。但是，一旦我们跨越社会各阶层联结起来，大声说出我们于日常生活中为生计而挣扎的故事，我们就能发动起一场真正代表我们各州乃至全国人民的运动。

我们需要那些当权者提出像"他们从哪里找来的这么多白人？"这样的问题。因为当他们发出这样的疑问时，我们知道我们正在打造的这种运动可以让我们超越那条"蛇线"。在那条"蛇线"之下，我们会遇到各种类型的对手。在自然界中，有一种蛇叫响尾蛇，这种蛇能喷出致命的毒液，但毒液并非它唯一的攻击武器。响尾蛇的名字来源于其尾巴上的一个响铃状结构，通过利用摇响尾巴来分散猎物的注意力，响尾蛇可以更容易地用头部发起攻击。

长久以来，我们听任那些古老迷思的谎言分散我们的注意力，而政治领导人却一直拒绝解决美国的贫困问题。我们沮丧地看着我们的领导人为迪士尼电影和要不要戴口罩问题争论不休，同时也经常轻易地接受他们那些经不起推敲的假设——美国经济运行良好，而那些发出抗议声音的人只是一小部分拿钱搞事的激进分子，或者仅仅是黑人。我不能做一个只为黑人发声的道德领袖。作为一名美国黑人，我也必须直面白人贫困，揭开种族主义的面纱，颠覆其所信奉的迷思。正如艾达·B. 韦尔斯和马丁·路德·金博士教导我们的，一旦我们被某些分散注意力的虚假手段迷惑，一些毒蛇就会趁机袭击我们。

但通过揭露迷思，我们可以发起有效的运动，成功突破那些致命的干扰。2013 年，北卡罗来纳州立法机构的极端分子通过了一项压制选民投票权的法案，我们的"道德星期一"抗议活动也正是因此而发起。在他们后来通过该法案的委员会会议室里，我以全国有色人种协进会北卡罗来纳州分会主席的身份报名做证反对这项立法。当时议员们坐在前面的高台桌子上对着麦克风讲话，我们则在下面的旁听席上等待发言，坐在我旁边的是一位满头银发的白人妇女，她是以女性选民代表的身份来做证反对该法案的。在会议进行期间，这位女性俯身过来，用其浓重的南方口音对我说："我在佐治亚州长大。我知道他们在做什么。我们为什么不换一种方式对付他们？待会儿你就谈谈这项法案对白人女性的伤害，而我来说说它会如何伤害北卡罗来纳州的黑人。"

稍后我的这位新朋友走上了公众评论台，她直视着委员会主席的眼睛说道："我知道你们在做什么。我来这是要谈论这个法案是如何针对黑人的，因为我知道它也会伤害我。"我永远不会忘记当时那位委员会主席脸上的表情。

轮到我发言的时候，我谈到了拟议中的变更将使白人妇女更加难以参与投票。虽然他们最终还是通过了这项法案，但我知道我们已经向更高的目标迈出了第一步。早在2013年，我们就已经在发动一场道德融合运动，而事实证明，这样的运动不仅能够让我们排除干扰，还有助于我们破除那些宣称对民主的攻击只会对黑人造成伤害的古老迷思。

第五章

迷思三：贫困只是一个黑人议题

如果你相信只有黑人才追求系统性变革的迷思，那么你会很容易认为我们日常生活中的各种系统对大多数人来说是有效的。你会觉得经济系统就像你的汽车发动机或家里的暖通空调等系统一样，总体上还是可靠的，只是偶尔需要做些微调。有时候需要增税，有时候需要降低利率，有时候需要增加住房供给或逐步提高工资。你只需要相信这个系统基本可以正常运转，而不需要认为它非常完美。但是，它必须得能让你相信，它不会让你被困在路边或让你在隆冬时节挨冻。如果你发现一个系统不再有效，你就会希望进行彻底的改革。你会把无效的系统剔除，并用一个新的、有效的系统替代它。在我们的日常生活中，恰恰有一个迷思让我们看不到我们的经济体系已然崩溃并需要重造。这个迷思就是：贫困只是一个黑人议题。

去接近那些正在经历贫穷的人，就是揭露这一迷思的最好办法。我在米切尔县遇到的一个姐妹告诉我，我们州议会的那些极端共和党人在山上"摸老虎的屁股"的时候，根本不知道自己在做什么。不久之后，我接到了北卡罗来纳州贝尔黑文东部一些人的电话，说他们的医院出了些状况，需要得到救助。从地理位置上看，在北卡罗来纳州内，海滨小镇贝尔黑文几乎是离米切尔县最远的地方，两地之间的距离足足有400英里。但从政治的角度看，这两个乡村社区却有着很多共同之处。贝尔黑文的镇长名叫亚当·奥尼尔，是一名体型敦实、操着南方口音的白人男性，也是一名支持商业利益、提倡家庭价值观和经济自由的共和党人。他知道我们俩在很多问题上意见不一致。但在我受一个社区团体的邀请去贝尔黑文演讲，并在当地小小的政务厅外与他会面之后，我们两人都意识到，我们现在有了共同的目标，那就是救助那家坐落于镇中心、已经有50余年历史的乡村医院。

美国乡村的"关键通道"医院是根据杜鲁门政府1946年颁布的《希尔-伯顿法案》建立的，旨在为美国腹地的民众提供急救性质的医疗服务，因为那里的居民往往离地区性的医院太远，无法在紧急情况下得到及时治疗。[56] 由于这些医院的患者数量远不如大型地区医院，它们通常需要联邦补贴才能维持运营。这也没什么值得大惊小怪的；自20世纪中期以来，这些医院的存在一直是一笔针对数百万美国人的合理开销。

2010年，国会通过了《平价医疗法案》，计划通过扩大医疗补助的方式，将维持关键通道医院运营所需的联邦资金转移到患者所在的地方医疗机构。正如许多保守派所倡导的那样，这完全是一项靠市场驱动的计划。然而，茶党反动派为了挑动民众情绪，故意给新法案贴上了"奥巴马医改"的标签，在这种氛围的推动下，整个共和党只得在各个环节抵制《平价医疗法案》的实施。许多由共和党控制的州立法机构，比如我们北卡罗来纳州议会，拒绝接受《平价医疗法案》为扩大医疗补助计划所提供的资金。这意味着，虽然从技术层面来说，有 50 万没有保险的北卡罗来纳州人有资格享受医疗补助，但实际上他们仍然无法获得医疗保障。[57] 正如我在米切尔县对那个全白人群体所说的，这些没有保险的人中有 35 万是白人，他们占了其中的绝大多数。但无论肤色为何，他们许多人所在社区的关键通道医院都在逐渐关闭，因为这些医院无法获得《平价医疗法案》借助扩大医疗补助计划为它们所提供的资金。

庞戈医院坐落在贝尔黑文海滨，是一栋简陋的单层砖砌建筑。在鼎盛时期，它负责为北卡罗来纳州东北部的三个偏远县提供服务。此前，负责管理该医院的医疗保健公司从当地一家非营利组织手中购买了这家医院，并承诺将保持运营并改善服务，但如今社区居民却得知他们的医院即将被关闭，因此感到非常愤怒。奥尼尔镇长已经联系了位于罗利的代表该州这一地区的共和党议员。但他告诉我："他们甚至不回我的电话。"他终于开始体会到当掌权者认为你的痛苦与他们无关时的那种世态炎凉。他对我们的支持表示感谢，但他对我说："这会让很多人感到震惊，毕竟你是个民主党人，而我是个共和党人。"

"首先，"我告诉他，"我不是民主党人。我一生都是独立人士，我想怎么投票就怎么投票。"

"嗯，是的，"他说，"但我肯定支持过很多你反对的人。"

"有这个可能，"我告诉他，"但这不是我们现在要关心的问题。据我所知，你们马上就要保不住这家医院了。如果这医院真的没了，整个社区居民的利益都会受损。"我们握了握手，决定在这场斗争中并肩作战。

如果庞戈医院关门，北卡罗来纳州东北部的一些居民需要开车一个小时才能到达最近的急诊室。"会出人命的。"奥尼尔镇长着急地说道。我们与全国有色人种协进会的律师合作，以违犯1964年《民权法案》第六章为由向美国司法部提交了一份申诉，指出该计划具有歧视性，因为它将剥夺北卡罗来纳州东部的黑人获得关键的医疗服务。但我们知道奥尼尔镇长明白，关闭医院也会影响那些给他投票的白人共和党人。奥尼尔镇长和我一起去罗利举行了新闻发布会。我们说，获得基本医疗保健服务不应该成为一个党派议题。这是一个道德问题。"直到现在，巴伯牧师和我仍在很多问题上存在观点分歧，"奥尼尔镇长告诉记者，"甚至可以说，我们在大多数事情上的意见是针锋相对的。但在这件事上，我们的意见是一致的。我们不能眼睁睁看着人们死去。"

尽管在我们的努力下，医院延后了停诊的时间，但因为政客们始终不愿采取行动，法院最终也没能阻止这座医院的关闭。第二年夏天，庞戈医院正式停业。为了应对那些本可以直接送往庞戈医院的病人需要紧急救护的情况，海德县的急救医疗服务人员制订了一个应急计划——他们会派救护车直接把这些病人送到一所高中的空旷的停车场，之后再用直升机将患者空运到弗吉尼亚州诺福克的一家医院。这就是他们的方案。

几天之后，48岁的波西娅·吉布斯，一位三个孩子的母亲，在海德县的家中和丈夫巴里一起清理庭院。巴里是一名退伍军人，在当地学校从事维修工作。正当巴里骑着割草机在一边割草时，他注意到波西娅已经坐在门廊上。他关掉引擎，走过去询问波西娅的情况。她的血糖有点低，于是巴里进去给她拿了点吃的。但当他回来时，波西娅说她的胸部很痛。巴里叫来他们的儿子帮忙把波西娅抬上车，然后开车前往紧急医疗服务站。他提前打电话通知了服务站，到了那里后，4名紧急救护人员把波西娅放在救护车的后面，并稳定了她的情况。然后，他们告诉巴里，他们必须叫直升机。

巴里跟着救护车来到高中停车场，在那里等了超过45分钟。一名急救人员出来告诉他，他们已经对波西娅进行了好几次抢救。他们打电话给当地一位在贝尔黑文医院工作了几十年的医生，征求他的意见。这位医生告诉他们，情况听起来不太乐观。当直升机最终赶到时，他们已经无力回天。

年仅48岁的波西娅·吉布斯成为奥尼尔镇长早已预见的第一位医疗受害者。尽管奥尼尔尽了最大努力，但这位来自所谓"红县"的白人共和党镇长仍无法为邻县的白人女性提供能挽救性命的医疗服务，因为他所属政党的州领导根本不愿意与他就此进行沟通或合作。

让波西娅·吉布斯无谓的死去无异于一场犯罪。即便这起事件是因为立法者忙于其他职责而无暇顾及她所导致，这些人也脱不了干系。更不用说，真实情况比这严重得多。波西娅·吉布斯的生命消逝绝非源于偶然的疏忽。我们曾在"道德星期一"活动中向立法者请愿扩大医疗补助。因为违抗他们的指令，拒绝保持沉默，我们中的数百人被关进了监狱。奥尼尔镇长曾在州议会上亲口告诉自己所属政党的成员，他们拒绝扩大医疗补助的决定无异于谋害生命。吉布斯的死亡，无论从哪个角度看，都是一种故意为之的结果。这就是一场政策性谋杀。

我们无法把那些制定法律的有罪之人送上法庭并对其进行审判，但我们知道，我们必须将此案提交至公众舆论的法庭之上。正如艾达·B. 韦尔斯坚持讲述私刑受害者的真相，在主流叙事仍将针对个人及民主的暴力归咎于受害者的情况下，我们知道，我们必须讲出这些正在实施的政策性谋杀的真相，我们必须破除"贫困只是一个黑人议题"的迷思。

6月的一个清晨，我骑着车穿过成排的红松林，沿着北卡罗来纳州东北部的双车道公路一路向前。我非常熟悉这里，因为这就是我生长的地方。我这次出门，是为了去见一批准备与奥尼尔镇长一起从贝尔黑文走到华盛顿特区抗议的人。为了讲述一个关于波西娅·吉布斯为何去世的不同故事，他们打算顶着南方的烈日，在热得发烫的沥青路面上徒步400英里。碰头地点就在贝尔黑文的庞戈河边的一个小公园，碰巧的是，这个公园正好就在那座关闭的医院对面。到那里时，我看到穿着T恤和网球鞋的黑人以及穿着鳄鱼牌网球衫和廉价乐福鞋的白人已经在这里汇聚。那些打算走完全程的年轻人带着背包，里面装着出门两周的必需品。在人群中，我看到了鲍勃·泽尔纳，他当时已经70多岁了，是一个颇为健谈的白人。[58]当仰头大笑时，他那长着一对酒窝的脸颊甚至遮住了双眼。

聚集在此的许多人还不知道他的故事。鲍勃之所以来到贝尔黑文，是因为早在 20 世纪 50 年代末，当他还是亚拉巴马州蒙哥马利大学的一名学生时，他就以其南方白人的身份加入了美国的多种族民主运动。当时，他的社会学教授布置了一篇关于"种族问题"的论文，为了完成作业，鲍勃便去参加了"南方基督教领袖会议"组织在蒙哥马利第一浸信会教堂举办的会议，当时该教堂的牧师是拉尔夫·阿伯内西。当天会议的发言人之一是阿伯内西牧师的朋友马丁·路德·金博士，会议即将结束时，金博士走近鲍勃和他的一些白人大学朋友，告诉他们教堂外的警察正计划逮捕他们，理由是他们违犯了该市的种族隔离法令。

鲍勃说他不是来做违法之事的，而是为了写论文来做研究的。有没有什么办法可以使他们避免被捕？金博士让一位女士带着这帮学生从教堂的后门逃走，而他自己则从前门出去，通过向媒体发表声明来转移警察的注意力。正当这些学生到了后门并打算各奔西东时，那位护送他们的名叫罗莎·帕克斯的女士抓住了鲍勃的胳膊，并在他耳边低声说："在某些时候，当你看到了一些不公不义的事情时，你不能光去研究问题，而应该通过行动去解决问题。"

鲍勃从未忘记罗莎·帕克斯女士的劝诫。1961 年，自由乘车者们前往蒙哥马利，并在当地公交车站遭遇了三K党的暴力袭击。这些人的斗争勇气深深鼓舞了鲍勃，于是他加入了学生非暴力协调委员会，并成为该委员会中的第一位白人工作人员。在清楚认识到种族隔离给黑人造成的严重伤害之后，鲍勃开始利用非暴力的方法来与之对抗。他说，他多年来一直坚持斗争，因为他逐渐认识到，白人至上主义的政治同样也在伤害像他这样的人。

学生非暴力协调委员会在 20 世纪 60 年代末成为一个全黑人组织，鲍勃是最后一个离开该组织的白人员工。鲍勃从不认为离开了学生非暴力协调委员会就不能继续其推动多种族民主运动的工作。20 世纪 70 年代，他前往路易斯安那州，带领着当地的白人制浆工人和黑人制浆工人共同发起了一场旨在提高工资待遇的运动。这可不是一件容易的事，因为这些白人工人里有不少人是三 K 党成员。鲍勃知道他无法说服三 K 党成员放弃种族主义。（鲍勃的祖父就是伯明翰三 K 党的领导人，他曾对鲍勃说，如果鲍勃敢在家乡组织抗议活动，自己会亲手杀了他。）但鲍勃说，在南方发动白人参与抗争活动的经历让他悟出了一个道理：如果一个三 K 党成员走到了无法养家糊口的境地，他说不定就能看到与黑人工人联合起来共同争取更高工资的必要性。一旦黑人和白人能够一起坐在工会的会堂里耐心共谋斗争之策，他们也会逐渐学会互相理解，平等相待。

作为一名社会运动的元老，鲍勃持续地向年青一代传授他那些来之不易的组织智慧，他经常和大学生们一起在南方旅行，并向他们讲述 20 世纪 60 年代的那些斗争故事。2013 年，当他听说道德融合运动正在将各种各样的人聚集在一起共同向我们州的极端主义发起挑战时，他搬到了北卡罗来纳州。他是我们第一次"道德星期一"活动中被捕的"十七君子"之一。现在，为了讲述波西娅·吉布斯的故事，为了支持奥尼尔镇长和社区其他居民，他把大部分时间都花在了贝尔黑文。他们想要让全美国人都知道，正是白人政客的极端主义害死了波西娅·吉布斯这位来自北卡罗来纳州最贫穷县之一的中年白人妇女，这些极端主义政客正在竭力破坏美国首位黑人总统的政治遗产。鲍勃认识到，一位白人女性因社区资源匮乏而死亡这件事，已经足以彻底破除"贫困只是一个黑人议题"这一迷思。

2015年6月的那个早晨，当游行队伍从公园出发前往美国首都之时，我站在贝尔黑文的一条途经那座被关闭医院的辅路的尽头，想起了自己作为牧师时曾目睹的送葬队伍。按照我的宗教传统，每当有人去世，他的家人和亲人就会走到圣所前面，向那放在棺材里的逝者遗体做最后的告别。这段路程对任何家庭来说都是痛苦的，我曾站在许多送葬队伍的最前面，为那些尚未摆脱失去至亲之痛的灵魂祈祷。但在贝尔黑文的那个早晨，当我看着巴里·吉布斯从我身边走过时，我知道我看到的是一个悲痛程度更甚的男人，因为上帝本没有召唤他的妻子归天，而是那些本应代表他们利益的立法者抛弃了她，导致了她的不幸早逝。妻子心脏病发作时，他们夫妇二人正在院子里一起干活，所以吉布斯先生把妻子的骨灰带回了家，并把它埋在了院子里的一棵常青树下。但他不会让她的故事就此结束。非必要的死亡正在侵扰着越来越多的普通社区民众，而这场游行，既是对那些非必要死亡的一种公开哀悼，也是对今后将不再容忍政策性谋杀的一次正式宣告。

奥尼尔镇长说得没错，全国有色人种协进会北卡罗来纳州分会的主席与一位共和党镇长齐心合力试图挽救一家医院的行为，的确让有些人甚为震惊。我自己也有过感到震惊的时刻，比如有一次，当我参加以"重新开放医院"为主题的7月4日年度游行时，我发现自己竟然坐在一辆贴有南方邦联旗帜车贴的卡车后面。但无论如何，我们通过共同的斗争和哀悼揭穿了一个迷思的谎言，即拒绝那些旨在服务贫困农村社区的联邦项目只会影响黑人。借助这一迷思，政客们一直在装模作样地认为贫困只会对"那些人"产生影响，而我们则像许多前辈一样，正越发感受到打破这一迷思的重要性。

1892年，当艾达·B.韦尔斯坚持要说出在她家乡孟菲斯的私刑真相时，她其实就是在向她那些离世的黑人邻居表示哀悼。不只如此，她同时也是在宣告，这些非必要死亡不仅仅是对黑人群体的攻击，更是对民主承诺的攻击。从19世纪90年代到20世纪20年代，韦尔斯数十年如一日地调查这些私刑事件，目的就是揭穿"吉姆·克劳"破坏美国重建和只为少数人的经济利益服务的本质。她通过亲身经历认识到，你无法仅通过揭露一个迷思的存在来破除它。你必须帮助民众认清这些迷思所试图掩盖的现实真相。

1955年，也就是韦尔斯在芝加哥因肾病去世的20多年之后，同城的一名黑人男孩正像当时的许多同龄人一样，在密西西比州与家人一起过暑假。在21岁的白人女子卡罗琳·布莱恩特指控这个男孩对她吹口哨后，年仅14岁的埃米特·蒂尔被一群白人男子私刑处死，而领头的正是布莱恩特的丈夫罗伊和他同母异父的兄弟J. W. 米拉姆。[59] 2007年，已年逾七旬的卡罗琳·布莱恩特终于开口承认，"那个男孩无论做了什么事都不应遭受后来发生在他身上的事情"。

埃米特的母亲玛米·蒂尔-莫布利在50多年前事件发生之时

就清楚，无论她儿子做了什么，都不至于遭受被私刑处死的命运。她当时就明白了几十年前韦尔斯所认识到的真相：要破除一个黑人男孩会对一个白人女子构成威胁的迷思，她就必须迫使人们看到被这个迷思掩盖的严酷现实。是的，她不得不忍受丧子之痛，这是她怀胎十月、一朝分娩并精心养育了十几年的孩子，这对任何母亲来说都难以言表之痛。不过，她还是决定将个人的悲痛转化为一场针对这起暴力行为的公开哀悼，因为她意识到，要想揭露"吉姆·克劳"所助长的暴力行径，公开哀悼必不可少。她的决定不仅在民权运动中发挥了关键作用，也为如何通过道德融合运动促使公众直面贫困危机提供了一个典范，挑战了那种认为"贫困只是一个黑人议题"的迷思。

在她儿子的遗体被装在密封的棺材里并经火车运回芝加哥后，玛米女士说，她进站认领遗体时闻到了一股尸臭。但她坚持要求他们打开棺材，因为她要亲眼看看她儿子所遭受的虐待，闻闻儿子的遗体被扔进河中后腐烂的味道。玛米女士说，正是在那时，她决定举行一场开棺葬礼，因为通过这样一场葬礼，她可以让芝加哥的约5万名哀悼者亲眼看到她儿子的那张肿胀变形的脸庞。她邀请媒体前来报道，以向全世界展示"吉姆·克劳"对埃米特所做的一切。葬礼结束后，她开始前往全国各地，向人们讲述她儿子所遭受的不公正真相。

那年秋天，罗莎·帕克斯在蒙哥马利德克斯特大道浸信会教堂的一场特别活动上听到了这个故事。她在《喷气机》杂志上看到了葬礼的照片，她说，当她看到那张可怕的照片时，她意识到自己必须采取直接行动来对抗亚拉巴马州的种族隔离制度。我们现在所说的民权运动，就是肇始于一位母亲采取行动正视了一次非必要的死亡，并揭穿了那种认为这种死亡具有正当性的迷思。2015年夏天的那个早晨，当我看着哀悼者从贝尔黑文出发时，我祈祷波西娅·吉布斯的死也能够帮助我们揭露那个令政策性谋杀在今天仍得以延续的迷思。只有彻底揭穿这个迷思，我们才能让很多美国人相信，诸如获取基本医疗保健之类的贫困相关议题，绝不仅仅关乎黑人，相反，它们是影响到美国1.4亿贫困和低收入群体的道德问题。

我知道，有些读者可能会认为，把波西娅·吉布斯的死和埃米特·蒂尔的死联系在一起似乎有点奇怪，毕竟埃米特·蒂尔和他那无畏的母亲被视为民权运动的重要人物，而波西娅·吉布斯则是一名白人妇女。他们的死亡原因当然不同，波西娅·吉布斯并没有面临导致蒂尔被谋杀的那种严重的偏见和歧视。但他们两人的死亡都揭露了一个迷思，而我就是想以波西娅·吉布斯为例，说明这个国家为什么出现因为农村医院关闭和数百万人无法获得医疗保健服务从而导致成千上万人死亡的问题——这一切都是因为直到现在仍然有很多人觉得系统性不公正只是一个关乎黑人的议题。在这种情况下，我提出以波提亚·吉布斯作为所有此类受害者的象征，因为我知道，为了发起一场追求公正的联合运动，我们需要有这样的象征和这样的故事。

蒂尔的死之所以成为变革的催化剂，并不是因为它是个特例。令人痛心的是，事实恰恰相反：蒂尔的死代表了"吉姆·克劳"对数百万人所施加的暴力。长期以来，大多数美国人没有认识到，"隔离但平等"的制度已然被固化为一种生活方式，并给数百万人造成了不必要的暴力和死亡。如果波西娅·吉布斯的死只是影响数百万美国人的政策性谋杀的一个例子，那么纪念她的意义就在于促使我们思考该如何让这个国家的人们看清贫困的真正现状。单靠一次徒步前往华盛顿特区的游行并不能改变关于谁是穷人以及为何贫穷的主流叙事。我逐渐意识到，眼下的部分挑战在于我们如何才能改变美国人对贫困的认识。

成长于美国南方的我很清楚地记得，在 20 世纪 60 年代末和整个 70 年代，每当地方新闻报道贫困问题时，那白人叙述者声音的背后总会滚动着黑人的图像画面。这些图像通常都是带着一群孩子的黑人女性，她们像鹅妈妈故事里的角色一样，总是在排队等候救助。在那个时期，随着民权运动的兴起，南方的公众舆论已经开始逐渐减少使用具有种族主义色彩的言辞和用语。在美国"向贫困宣战"运动的高潮时期，联邦政府对脱贫计划的投资也达到了顶峰，无论从哪个角度看，这些计划都显著改善了黑人和白人的生活。[60] 但是，正当越来越多的美国白人接受联邦政府的帮助，通过学前教育补助、儿童医疗保险、食品券和个人所得税抵免全力摆脱贫困的时候，媒体报道却导致我们日益将贫困视为一个仅关乎黑人的议题。公众因此受到误导，认为脱贫计划只会惠及黑人。更可悲的是，这种谬误竟然一直延续至今。

此类种族主义描述先前并不存在。在大萧条时期，许多美国人的生活都陷入困境，当时所拍摄图像中的各种穷人形象，包括乘坐火车流离的"无家可归者"、排队领面包的男性以及艰难抚养孩子的贫困妇女，绝大多数是白人。富兰克林·罗斯福当政期间，政府委托摄影师为联邦重新安置管理局（后来改名为农业安全管理局）记录贫困状况。1936年，来自新泽西州的白人摄影师多萝西娅·朗格带着相机走进加利福尼亚的一片豌豆田，遇见了7个孩子的母亲弗洛伦斯·欧文斯·汤普森，她当时正坐在一顶临时帐篷下，手托下巴，紧锁眉头，她的孩子们则紧紧抓住她破烂的衣服不放。[61]"我看到了这位饥饿而绝望的母亲，然后就像被磁石吸引一样，情不自禁地走近了她，"朗格后来写道，"我不记得我是如何向她解释我为何会出现在那里以及我为什么要给她拍照的，但我记得她没有问我任何问题。"朗格将当天拍摄的5张系列照片命名为"流浪母亲"。这张白人女性的照片后来成了教科书和公共纪念馆中关于大萧条的一个标志性形象。直到大约90年前，美国贫困的代表性形象仍是一位生活遭遇困境的白人母亲，那些反映美国贫困的图像都仍以白人形象为主。

1964年《民权法案》和1968年《公平住房法案》使非白人美国人开始有机会参与脱贫计划，贫困的公众形象也自此发生巨变。在整个国家竭尽全力推进普惠性扶贫计划的时刻，那些反对这些计划的政客却开始诋毁从中受益的贫困者。为了实现这一目的，他们重新拾起了古老的迷思。他们刻意忽视大量白人贫困者的存在，并塑造出一个黑人"福利女王"的刻板印象。从1976年竞选总统开始，曾是一名演员的罗纳德·里根就开始引用一个芝加哥黑人妇女的故事，说她开着一辆凯迪拉克去福利站领取救助，还说她是在骗取诚实纳税人的血汗钱。[62]尽管美国白人在全力养活家庭的同时也愿意心存慷慨地与邻里分享，但里根告诉他们，一个黑人妇女正在利用政府扒窃他们的口袋。里根向他们做出承诺，如果他能当选，新政府将停止支持黑人"偷窃"那些原本属于他们的东西。

里根所讲述的这个故事中的黑人女魔头的原型，实际上是一个时常化名为琳达·泰勒的骗子。里根之所以知道这个人，并不是因为政府真的在纵容其犯罪，而是因为当年的《芝加哥论坛报》报道了政府起诉泰勒的故事。如果换一个讲述者，他可能会更强调泰勒的欺诈行为，更关注她是如何侵害了那些真正有资格获得政府资助的贫困人群的利益。相反，里根却借题发挥，用她的故事来攻击那些曾经给众多勤劳的普通民众带去实实在在好处的脱贫计划，而他这么做的目的不过是为了赢得选举。

认为贫困只是一个黑人议题的迷思掩盖了一个事实，即在一场旨在要求政府正视美国贫困危机的"穷人运动"中，白人本有望成为最具潜力的斗争群体。那个认为贫困只在影响黑人的长期存在的迷思，使政客可以继续想当然地认为目前的体系仍然适用于大多数人，能够帮他们解决问题。于是他们就可以继续宣称，只要经济在增长，我们所有人就会很快通过"涓滴效应"受益。尽管贫困白人的日常困境早已印证了现有制度的失败，但这个迷思却在暗示，制度没有错，错的是其他的某个种族群体。只要美国人持续因为身份政治和文化隔阂问题而分裂，我们就不可能形成一个统一的政治联盟，这样一来，不仅无法改变我们对贫困本质的认知，更无法改变我们解决贫困问题的方式。然而，一旦贫困和低收入的白人群体开始意识到自己的福祉与其他贫困者的命运息息相关，他们和其他所有关心公共利益的人就会联结起来，占据美国人口的绝大多数，变成一个具有强大力量的群体。

  我们没能够保住庞戈医院，这的确令人遗憾。过去几十年间，周围三个县的几乎所有婴儿都是在这座医院出生的，但为了给海滨公寓腾出空间，推土机将这座小砖房夷为了平地。但这里的民众决心继续分享波西娅·吉布斯的故事，这种决心既是对艾达·B. 韦尔斯和玛米·蒂尔-莫布利斗争精神的传承，又呼应了所有其他成功打破古老迷思并重建美国的运动。只要我们能够帮助公众认清人们正在承受的真实痛苦，我们就一定能够破除那些蒙蔽我们的迷思。

  一位名叫波西娅·吉布斯的白人女性现已长眠于海德县。贫困绝不仅仅是一个黑人议题，而是每个美国人都必须直面的正义问题，波西娅·吉布斯的死去就是对此的一个有力例证。

第六章

迷思四：我们无法弥合分裂

　　历史清楚地表明，我们在今日美国政治中面临的分裂并不是什么新鲜事。没错，当下的选民群体正在极力推动重大变革，而这引发了针对融合运动和民主承诺的强烈反弹。但正如我们所见，这也不是什么新鲜事。在紧张局势加剧时期，不平等社会的既得利益者总是试图重新包装美国的那些古老迷思，以借其削弱那些有望带来变革的联盟，孤立各不同的种族群体。此外，为了扼杀渴望变革者的希望，他们还会不断重复另一个迷思。这个迷思宣称，任何试图创建一个更加完美的自由正义社会的努力都只是一种不切实际的幻想。它以各种方式暗示我们，任何形式的抵抗都终将是徒劳，它如同海妖一样不断重复着那句"我们无法弥合分裂"的永恒咒语。

　　在2013年夏天的最后一次"道德星期一"活动上，我记得在集会和行动结束后，我在州议会大厦的草坪上接受了有线电视新闻的采访。每当媒体想就这场运动和我聊几句时，我总会邀请我们活动的一部分参与者和我站在一起，如此一来，电视机前的观众就可以看到我们联盟的多样性。在8月的那个晚上，当采访结束时，我已经热得浑身湿透。我显然需要休息一下。但在接受采访的人群中，我看见一位年轻女子朝我走了过来。我注意到她恰好穿着一身黑色的衣服。

我能感觉出她有话要说，但我不确定自己是否还有力气听。尽管如此，我还是跟她打了招呼，拄着拐杖听她开始讲话。"我只是想说声谢谢，"她的声音很轻，似乎有点紧张，但随着讲话越来越有条理，她的声音也逐渐变得自信起来，"我在一个非常保守的教堂长大，我已经很多年没有参加任何宗教活动了。但今年夏天我每周都会来这里，我真的非常需要这个……我想我需要它来净化我的灵魂。"

我让她具体讲讲她想表达的意思，然后她告诉我，在南方浸信会教堂长大的她，从小就被告知同性恋和自由主义者对她的价值观而言是一种威胁。那些为民权和人权而奋斗的人也非常可疑，因为他们可能是激进主义者。她当时并不完全理解这些概念，但毫无疑问，所有用来分裂美国人的古老迷思都被以基督教信仰的名义灌输到了她的脑子里。"但在过去的13个星期里，"她对我说，"对于我从小被教导要憎恨的一切东西，我都有了全新的认识。"

她想对我表达感谢，因为通过参加这些活动，她终于认清了那些她以前被教导要害怕的事物，而这也让她在自己的内心埋下了一颗希望的种子。她开始相信，也许人们真的可以在爱、仁慈和正义的指引下团结到一起。我的身体仍然疲惫，但这位年轻女士的这番倾诉早已令我神采焕然。

那年冬天，我给自己放了一个短假。我想借休假的机会多了解一下周围正在发生的事情，并好好想想我在未来应该扮演何种角色，才能为那位年轻女士以及其他众人带去更多的希望。纽约市的协合神学院为我提供了一间简朴的公寓，让我有了一个可以远离尘嚣之处。我期待着能利用接下来的几个月时间阅读历史，沉思我成年后一直在宣讲的《圣经》，和经济学家、《圣经》学者、社会学家和神学家进行理性交流。我经常在想，为了能够组建像"共同前进道德运动"这样的融合联盟，我们真是经历了太多的斗争，而且除了要面对外部的反对力量，我们还要应付内部的各种阻力。早在反动政客公开与我们对抗之前，我就已经在和全国有色人种协进会北卡罗来纳州分会内部的派系缠斗，因为这些派系不愿与他人合作，也不愿将我们的正义事业扩展到狭隘的"黑人议题"之外。早在我刚开始着手准备构建一个覆盖全州的道德融合联盟时，全国有色人种协进会执行委员会内部的一个派系就以不符合该组织的做事方式为由，差点把我的整个计划葬送。那些人坚决抵制扩展我们的工作愿景，但在第一次开会的时候，仍有一位睿智的长者站出来支持我，他说："你们难道不认为我们至少应该先听听我们分会新当选的主席有什么愿景吗？"他没有要求委员会批准，而是呼吁对"愿景精神"进行信任投票。他明白，我们并不需要得到所有人的赞同。我们只是必须找到一条共同前进的路径。

作为一名牧师、一位民权领袖以及一个普通的人，我在反思过往经验和教训的同时，也试图以开放的心态去理解这些过往经历会如何影响我的未来。然而，在沉思的过程中，我还是会经常想起那位走到我面前和我分享其个人希望的黑衣女性。我不知道她为什么会穿着黑色衣服，但我能感觉出来，她情绪低落的状态应该已经持续了一段时间。她意识到自己成长过程中所接受的宗教信仰已经变得非常有问题。这些宗教延续着旧有的迷思，但并没有给她带来她想要的生活。这不仅是在扼杀民主的承诺，也在将她与所爱之人以及她成长的社区隔离开来。我从内心深处感受到了她的勇敢和诚实，因为她敢于直面自己所陷入的生存困境，并最终选择走出她原先的信仰社区。当她走进"道德星期一"活动现场时，她看到了另一种可能性。正如《圣经》所言，她最终被赐"华冠……，代替灰尘；喜乐油，代替悲哀"。她在我身体疲惫不堪的时刻与我分享了她所获得的喜悦；而我也永远不会忘记，她如何用自己的亲身经历打破了所谓的"我们无法弥合分裂"的迷思。

在休假结束时，我感觉为自己的工作找到了明确的方向：如果美国想成为一个人人都能获得充分发展的国家，我们就需要在21世纪复兴那些曾推动了国家第一次和第二次重建的道德融合运动。这不是单靠一个人或一个组织就能实现的目标，但对于我个人应该在其中扮演何种角色，我现在倒是有了一些清晰的想法：我可以通过向全国宣讲的方式，让更多人燃起对第三次重建的希望；我也可以把我们通过举办"道德星期一"活动所获得的道德融合运动组织经验向众人分享。

我开始写一本名为《第三次重建》的书，并计划在美国的7

座城市与黑人和白人、男性和女性、基督教徒和犹太教徒、同性恋和异性恋的宣讲者一起宣讲"道德复兴"。十多年来，全国有色人种协进会北卡罗来纳州分会一直致力于在北卡罗来纳州推动道德融合运动的创建，但为了将这一愿景推广到其他州，并打破黑人民权领袖只关注"黑人议题"的传统认知，我需要建立一个新的中心机构。这并非心血来潮，而是一个已经在我心中酝酿了多年的愿景。

通过阅读先知以赛亚的著作，我从古老的教义中确认了自己在当下肩负的使命。"你若从你中间除掉重轭，和指摘人的指头，并发恶言的事"，先知宣称，你"必修造久已荒废之处。你要建立拆毁累代的根基。你必称为补破口的"。通过先知的话，我听到神在说，如果我们尽力去做我们能够做的事，那么我们将与其他也在尽力做事的人联结起来，我们将催生出一场能够将各行业民众团结起来的运动，并通过这场运动重新实现"人人享有自由和正义"的承诺。先知没有说所有人都必须改变，他甚至没有说这需要多数人的参与。只要我们中间有一部分人能够认清那些导致分裂的因素，并承诺成为补破口者，我们就足以在先辈所取得的成就之上，继续建立累代的根基。我们成立了一个新的全国性社会正义组织，并将其命名为"补破口者"。

"余民"（即少数坚定的人）能够改变一个国家的良知，这一预言概念本来就与大多数人的直觉相悖。到 2016 年，许多人更是觉得这是一个荒谬的理论，因为当时作为总统候选人的唐纳德·特朗普的言行已彻底主导了公众舆论。如果在听新闻时闭上眼睛，我会觉得自己又听到了乔治·华莱士在 1968 年竞选总统时的声音。为了激起民众的古老恐惧，他大肆抨击"无政府主义者"和"共产主义者"，同时承诺以"法律与秩序"来抚慰他们焦虑的心灵。那些古老的迷思比以往任何时候都更具影响力。在北卡罗来纳州费耶特维尔的一场集会上，一名年轻的黑人男子站起来抗议特朗普公然的种族主义言论。在保安护送这名年轻人离场时，特朗普在台上大喊道："把他赶出去！"一名集会参与者冲入过道，狠狠地揍了这名年轻人一拳。特朗普告诉媒体，他会支付袭击者的法律费用。如果有某种因素在改变公众叙事，那似乎就是这位共和党总统候选人中的领跑者，他抛弃了含蓄的暗示，转而以激进的方式公开宣扬充满"南方战略"意味的信息。

然而，这只是事情的一个方面。公共生活中的每一种行为都会引发对峙反应。如果极端主义占据了头条新闻，那么在成千上万的餐桌旁、饮水机边和礼拜堂内的对话中，人们会试图去找出这些愤怒与仇恨的来源。当我们于2016年开启"道德复兴"巡回演讲时，我们所到的每一座基督教堂或犹太教堂，无不挤满了渴望听到道德融合运动愿景的人。我们本计划只在7个城市举行活动，但来自其他州的团体不断打来电话，询问我们是否可以增加巡回演讲的站点。我们在波士顿贝瑟尔非裔卫理公会教堂的那天晚上，我记得当我们的车到达那座古老的石砌建筑时，我看到排队的长龙几乎把整个街区都围了起来。为了聆听一些可能有助于团结整个国家的声音，人们等了一个多小时才进入一个拥挤的房间。显而易见，有些人仍在利用古老的迷思大搞分而治之，但与此同时，美国人也在渴望一场能将我们团结在一起的运动。

在我们的"道德复兴"活动中，我们实践了从"道德星期一"活动中学到的东西：这绝不仅仅是一个让演说家和宣讲者表达愿景的平台。我们是在为普通人搭建一个舞台，让他们讲出自己的故事，并解释为什么我们被动接受的这些制度已经无法给他们带来任何实际的好处。分而治之策略通过寻找替罪羊来迎合那些愤怒者的情绪。但我们深知，数千万贫困劳动人民并非无缘无故地愤怒。一位在麦当劳干了一整天活的母亲告诉贝瑟尔非裔卫理公会教堂的听众，如果没有食品券，她根本就养不活自己的孩子，而她那份仅略高于最低工资的微薄收入根本无法让他们全家在波士顿找到一个住处。我们不是在南方，这里也不是所谓的"红县"。但和这个国家的其他地方一样，这里的不同肤色的贫困和低收入群体同样在为生存而苦苦挣扎。当他们在那神圣空间的深色木梁下敞开心扉尽情倾诉之时，我抬头望去，感觉自己仿佛身处一艘船上。来到这里的每个人或许都有着各自不同的人生际遇，但在聆听的过程中，我们意识到，现在我们都处在同一艘船上。

2016年夏天，我们的"道德复兴"巡回演讲活动将一份名为"更高道德议程"的纲领提交给了共和党和民主党的全国大会。这份纲领概述了旨在帮助所有贫困和劳动人民的道德政策。当我们"补破口者"组织的一名白人员工前往共和党全国委员会总部，告诉他们有一群神职人员想来拜访并递交这份道德议程时，他得到了热情的回应。接待他的人以为我们是一个宗教右翼组织，来这里是为了附和他们关于"传统价值观"的论调。然而，当我们带着帮助贫困和低收入美国人的议程出现时，他们威胁说，如果我们不立即离开，他们就要叫警察逮捕我们。

在我们向位于费城的民主党全国委员会官员提出同样的议程之前，一位代表打来电话，问我是否愿意在他们计划提名希拉里·克林顿为总统候选人的晚间大会上发表演讲。起初，我拒绝了。我们的道德融合运动不是为了支持某个政党或候选人；我们的目标是从根本上改变这个国家的道德叙事，迫使所有政客面对美国贫困的现实。当他们再一次打来电话时，我告诉他们，如果他们允许我表达我一直以来在"道德复兴"活动中所传讲的信息，我就去参会。在听了几十个城市的普通百姓讲述他们的挣扎故事之后，我开始越发倾向于一个先知式的"诊断"：弱势群体的苦难是整个社会病态的征兆。几个月来，我一直在宣称美国已经患上了"心脏病"。民主党全国委员会最后同意让我在他们的大会上传达这一信息，而我最终也借助电视的黄金时段向 6 000 万美国人传播了道德融合的理念。

　　"我们最深刻的道德传统清楚地表明，一个国家的真正伟大之处，体现在它会以何种方式关心最弱势的群体，"那天晚上，我在大会的舞台上如此说道，"当我们看到有人企图抛弃我们的道德传统，用宗教来掩饰卑鄙的行为时，我们就知道美国患上了心脏病。"这个诊断至关重要：我们公共生活中的冲突和分裂的根源，不仅仅在于那些我们可以通过选举击败的政治敌人，还在于我们集体遗弃了数以千万计的穷人和劳动人民，我们未能保护所有美国人的投票权，我们忽视了那些未能得到足够的公共教育资源的社区儿童。这是一个令人难堪的诊断，尤其是在一个政党正试图为其候选人欢庆的夜晚。但是，唯有诚实的诊断才有可能让我们找到弥合分裂的药方。

"我们知道总有一些势力试图僵化我们的民主之心，甚至使其停止跳动，"我讲道，"但也总有一些人能够团结起来，掀起多萝西·戴伊修女所说的'心灵革命'。这是一场必须从我们每个人自身开启的革命。"我已经用完了分配给我的时间，提词器也停了，但会场里的每个人都站了起来，他们都如同在罗利的哈利法克斯购物中心迎向我的那位黑衣年轻女子一样，对希望充满渴望。"我父亲以前举行复兴聚会①的时候，他会向作为'心灵修复者和精神调节者'的上帝呼求，"我对那些举手接受这愿景的人们说道，他们中的有些人眼里已经饱含泪水，"所以我今天晚上过来是想告诉大家，如果我们要推动我们的国家成为一个更完美的联邦，我们就需要一场心灵修复……就像我们的先辈一样，我们正在被召唤成为我们这个时代的道德除颤器。"

在人群的喧闹声中，我已经听不见自己的声音了。我走到后台，差点撞到一个径直朝我走来的白人女性。她哭得非常厉害，我几乎能看到睫毛膏在顺着她的脸颊往下流。她倒在我的肩膀上哭个不停，唯一说出的话就是"谢谢"。她没有穿黑色衣服，相反，因为要取悦全国的公众，她做了精心打扮。但是，我们可能找到弥合分裂之法的希望，显然触动了她内心深处的某种东西。

我做牧师已经很长时间了，我知道衡量一篇布道的标准不是有多少人来听，也不是讲完之后你得到了多少赞扬，而是要看人们在接受了它所宣扬的愿景并将其付诸实践之后，到底会采取什

---

① 复兴聚会，指的是一种宗教聚会，通常在基督教背景下举行，旨在激发信仰、更新灵性和吸引更多人参与宗教活动。复兴服务常常被视为激励信徒、传播信仰和促进社区团结的方式。——译者注

么样的实际行动。自 2016 年以来，我一直祈祷所有为应对美国社会不公正而兴起的运动能够汇聚在一起，形成一股远超我们任何人计划或想象的强大力量。如果为维生工资而战的人们能与为投票权而战的人们联合起来，如果为气候行动而努力的年轻人能与推动合理枪支管制的人们联合起来，如果努力维系家庭的移民能与争取栖身之所的无家可归者联合起来，如果保护水源的原住民长者和青年能与城市里那些能够买到无铅汽油却喝不到无铅自来水的居民联合起来，如果那些不认为自己是政治人士但对现状感到厌倦的人能够加入旨在改进我们普通人日常生活现实的政策变革运动——如果我们所有人能团结起来，那将是一股强大的变革力量。

如果我们了解美国的历史，就会知道我们正处于一个关键时刻；这是一个极具潜力的时刻，也是一个充满可见和潜伏危险的时刻。是的，我们比以往任何时候都更加分裂。但与此同时，在我这一生之中，我从未见过人们如今天这样强烈地渴望道德融合运动。正如小说家查尔斯·狄更斯所说，"这是最好的时代，也是最坏的时代"。在这样的时刻，我们被夹在变革的潜力和对变革的强烈反弹之间，很容易受到迷思的蛊惑，继续认为我们永远无法弥合分裂。那些通过阻止道德融合运动来获利的人，会尽其所能地使分裂显得不可避免。在这样的时刻，最重要的是要牢记我们国家历史上那些促使我们不断朝着自由迈进的运动，而在每一次这样的运动中，贫困者和受苦难者始终是核心力量所在。

过去几年里，我参加过不少鼓舞人心的集会，在这些集会中，我感觉到人们正在迫切地寻求一种新的团结方式。但让我充满希望的不是大型会议和游行，而是在那些受到贫困直接影响的地方，我看到人们正在通过集体行动建立我们所需的那种道德融合联盟，重新构筑一种为全体民众服务的经济体系。

1968年，福利权利组织者、劳工活动家和民权工作者将黑人、白人、拉丁裔和原住民汇聚在一起，首次共同发起了美国的"穷人运动"。整整50年后，我们"补破口者"团队则致力于帮助美国的贫困民众重启这项运动。这场21世纪新运动的目标就是打造道德融合运动，实现美国的第三次重建。我们并不是孤军奋战。我和我亲爱的白人姐妹利兹·西奥哈里斯进行了交谈，她是一位拥有深厚学术背景的传道者，而且拥有数十年在贫困社区工作的经验。利兹是协和神学院凯洛斯中心的主任，该中心一直致力于总结和传播"穷人运动"的智慧。"如果我们要开展穷人运动，"我说，"就必须始终保持融合。"利兹同意这一观点，于是我们携手合作，重新发起了这场旨在呼吁全国性道德复兴的新运动。作为这场运动的联合主席，我和利兹恰好一个是黑人，一个是白人；一个是男性，一个是女性；一个来自南方，一个来自北方。

在马丁·路德·金博士遇刺50周年之际，我们来到了孟菲斯。当年，金博士因为支持环卫工人罢工游行而在此地遭到枪杀。我站在他当时所在的阳台上，从那个刺客的子弹射穿他脖子的地方向大家发表讲话。"当金博士来到孟菲斯时，"我提醒那群从洛林汽车旅馆的停车场一直延伸到马尔伯里街的民众，"他已经成为种族主义者、温和派、政客、总统的眼中钉，甚至有一些黑人领袖也嫉妒他，这些人以他反对越南战争为借口，企图贬低他在美国自由派白人眼中的地位。然后，枪声响起，他的身体倒了下去。"与利兹及其他人一起站在金博士鲜血流淌与生命消逝之地，我想起了耶稣说过的话："你们有祸了，因为你们修造先知的坟墓。"

我宣称，我们不需要再举行新的纪念活动，我们需要的是再次奉献，也就是重新致力于发起一场运动，以推动整个社会重新思考关于未来生活的可能性。"你不能通过庆祝先知的死亡来纪念他。不，如果你想要纪念他，就应该把手伸进他的血泊之中，捡起他掉落的接力棒，继续跑完下一段赛程。"

如果说"南方战略"是直接面向南方的贫困白人，利用他们的宗教信仰语言来激发和操控他们内心最深处的恐惧，那么一场道德融合运动也必须具备勇气和远见，与这些贫困和低收入的白人群体建立联系。如果想要接过"穷人运动"的接力棒，我们就必须把在米切尔县和贝尔黑文得到的经验教训转化为某些普通民众所能理解的内容。这些普通民众一生都在被灌输一种观念，即忠于上帝、家庭和国家就意味着要投票支持那个宣称要让民众更容易获得枪支的人物。

即使我对其他事情一无所知，我也知道白人并不是因为愚蠢才相信这些事情。我必须提醒大家，那些每天都在辛勤工作以支持社区、打扫建筑物、照顾弱势群体、处理垃圾、修理我们使用的机器、管理供应链并维持这个国家运转的人，他们并不愚蠢。美国人依赖穷人来满足其最基本的需求，但穷人的亲身经历告诉他们，大多数人既不尊重他们的智慧，也不尊重他们的劳动。在美国，身为穷人意味着即便你已经在超负荷工作、拼尽全力养活自己和家人，甚至还在为那些富裕的邻居提供支持，你依然会被认为是一个失败者。在美国各地，我遇到过很多不同族裔的母亲，她们都有着出色的财务管理能力，甚至仅凭一张纸就能把她们所在城镇的财政状况算得一清二楚。她们知道如何快速核算资产和负债，并且善于确定和优先处理那些对生存至关重要的事情。无论穷人如何看待他们生活困苦的根源，我都必须强调，问题并不在于他们无知。

然而，即使是聪明的人也可能被"我们无法弥合分裂"的迷思蛊惑，尤其是当他们被人为制造的恶意信息湮没的时候。杜克大学历史学家南希·麦克莱恩是"道德星期一"运动的挚友，她写了一本名为《民主的枷锁》的书，这本书帮助我理解了白人是如何被灌输并相信了"南方战略"的谎言，同时又认为其与种族主义无关的。[63] 在 20 世纪 60 年代之后，反动保守派开始意识到，他们绝不能公开显露出种族主义。所以我说，一定要小心特洛伊木马。新的分裂分子会出现在马丁·路德·金纪念日的庆祝活动中，会采用多样性的语言，会积极招募黑人保守派在公共生活中附和他们的观点和立场。如果数百年来那些一直将黑人和白人分隔开来的古老恐惧能以全新的方式被激发，那么严格的种族隔离也就显得不再必要。通过研究一位颇有影响力的新自由主义经济学家的论文，麦克莱恩指出，反动保守派会通过构建叙事的方法来为一种只为少数人服务的经济体系进行辩护。

美国南方人对非白人、妇女以及性少数群体的公民权和自由权的扩张感到不满，"南方战略"则成功利用了他们的反政府情绪，可即便如此，大多数美国人仍然珍视联邦政府在 20 世纪为全体民众提供的公共物品和福利，包括高质量的公共教育、社会保障、失业保险、医疗保险、医疗补助以及对环境的保护。从进步主义时代到"新政"时期，这些公共物品都明确将非白人排除在外，但民权运动的胜利使黑人在很多方面可以享有和白人一样的福利待遇，当然，在现实中，两个群体在享受福利的程度方面仍存在差异。但不管怎么说，这些公共物品的提供都得到了两党的支持，并广受民众欢迎——美国人将此视为生活在"自由之地、勇者之乡"之含义的具象化。虽然个人自由和自力更生一直是美国的价值观，但在 20 世纪大部分时间里，自由还意味着获得一些日益普及的基本必需品的权利。

然而，所有这些都有着昂贵的代价，而要求减税的政治运动也必须找到一种能够削减成本的方法。麦克莱恩解释说，为了做到这一点，他们想方设法说服普通美国人以不同的方式看待自由。简而言之，他们想要一种新的自由观念——这就是为什么他们经常被称为"新自由主义者"。但这种新的自由是企业不受政府监管的自由，而不是普通美国人享受其劳动成果的自由。

在这些企图为众多美国人民重新定义自由观念的经济学家的内部讨论中，麦克莱恩发现，如今充斥着我们政治生活的反政府言论及其截然不同的自由概念并非来自普通民众，而是来自历史上的精英极端分子，比如 19 世纪支持奴隶制的南卡罗来纳州参议员约翰·C. 卡尔霍恩，他曾奴役过上百人。卡尔霍恩认为联邦权力是对奴隶制的威胁，并将"自由"概念化为奴隶主有权在没有政府干预或监管的情况下对他们的"财产"做出自己的决定。

新自由主义经济学家及其激进盟友将卡尔霍恩的自由和财产

权观念与残酷的人类奴役制度区分开来，开始将税收视为对工资的"盗窃"，将公共物品视为某些人不配享有的"权利"。麦克莱恩写道："尽管有着华丽的辞藻，但这一运动真正寻求的是恢复寡头政治……它想恢复20世纪初美国盛行的那种政治经济体制，当时选举权遭到了严重的剥夺，工会被视为非法，大公司和富人则因此成为最大的赢家。"我再次提醒大家，一定要小心特洛伊木马。这一反动运动并没有直接为财富向少数人集中这一现实辩护。相反，他们巧妙地利用了自由这一美国的基本价值观，并将其与平等和公共利益的价值观对立起来。他们要求民众选择立场，并借此来延续"我们无法弥合分裂"的迷思。

麦克莱恩的作品揭露了一个关于"自由"的虚假叙事，在过去40年里，这种叙事一直被用来阻止穷人团结起来挑战不公正的经济体系。不过，"我们无法弥合分裂"的迷思之所以能够一直持续，也是因为它得到了某种道德层面的支持。作为一名牧师，我对这种滥用信仰的行为非常重视。有些人大肆宣扬上帝极少提及之事，而对上帝多次提及的事情，尤其是社会中穷人和被排斥者的困境，他们却几乎只字不提。我对此深感不安。

我们之前提到过，当年的弗吉尼亚议会曾裁定，对被奴役的非洲人施以洗礼不会以任何方式改变他们作为"财产"的身份，自此以后，那些想要维持权力的反动保守派就一直自称占据着道德的制高点。奴隶主的宗教利用《圣经》和道德推理来为人类奴役辩护，对抗19世纪早期的废奴主义者。[64] 推翻重建的白人至上主义者声称他们正在"救赎"这个国家。普林斯顿大学的凯文·克鲁斯在其著作《上帝之下的国家》中记录了这样一项事实：为了找出谁是反对"新政"的最有力声音，美国商会在 20 世纪 30 年代对美国人开展了一次调查。当了解到牧师拥有最高的公信力时，他们便投资组建了一个神职人员网络，这些神职人员会宣扬一种个人责任的福音，并将贫困归咎于穷人自己，而不是企业的剥削行为。"在大公司、知名实业家和商业游说团体的充足资助之下，"克鲁斯写道，"这些新的自由企业福音传道者大肆宣传一种可以被称为'基督教自由意志主义'的愿景。"[65] 在每个时代都会有人通过扭曲道德和宗教价值观来支持不公正的行为。

然而，随着 20 世纪 60 年代和 70 年代民权运动的胜利，新右派中的反动势力逐渐意识到，为了给自己的政治和经济目标奠定选民基础，他们需要围绕宗教而不是种族来组织白人。[66] 一位名叫保罗·韦里奇的政治活动家在这项工作中扮演了关键的角色。[67] 他注意到，在联邦政府根据最高法院 1954 年"布朗诉托皮卡教育委员会案"的裁决要求，开始取消公立学校的种族隔离后，南方的许多白人教会利用其建筑为白人子女建立了新的种族隔离学校。当美国国税局表示，如果教会利用其财产颠覆联邦法律，它们可能会失去免税资格时，许多白人父母感到非常愤怒。

韦里奇认为这种愤怒可以被用于政治动员，但他知道种族隔离不是一个能赢得支持的议题。于是，他找到了弗吉尼亚州林奇堡的一位牧师杰里·福尔韦尔。福尔韦尔曾在当地担任牧师，他主要为那些反对学校废除种族隔离的人提供宗教服务，并在其大型浸信会教堂内为白人儿童开办了一所种族隔离学校。韦里奇说服了福尔韦尔，让他相信可以动员愤怒的白人基督徒发起一场"反堕胎"运动。这场运动以妖魔化联邦政府为目的，但他们不能继续在种族隔离问题上做文章，而是要把重点放在反对堕胎上。正如历史学家兰德尔·巴尔默和安西娅·巴特勒所记录的那样，这就是宗教右翼在美国政治中的形成过程。与新自由主义者将自由与平等对立起来的努力类似，这些新的文化斗士则试图将传统价值观与进步政策对立起来。如果他们能够让一些基督徒和犹太人相信，先知以赛亚对"设立不义之律例"和"夺去我民中困苦人的理"的政客的挑战并不是传统价值观，那么他们就可以利用安息日集会来强化那个"我们无法弥合分裂"的古老迷思。

韦里奇是一位精明的组织者。他认识到，大多数美国人其实并不支持新右派的利益，也不支持他们想通过公共政策来实施的新自由主义经济理论。尽管如此，韦里奇决心通过组织活动来实现少数人对政府的控制。"我不希望每个人都投票。选举不是由大多数人赢得的，"他在1980年宗教右翼的一次早期会议上说，"我们在选举中的影响力……会随着投票民众的减少而增加。"

韦里奇明白，获胜的关键是通过制造分裂性的辩论来激发保守派白人选民的热情，瓦解任何可能的反对派联盟。他创立了国家政策委员会，这是一个协调性的圆桌会议组织，保守派政治领袖、宗教非营利组织的领导人、媒体公司和捐助者可以在这里协调活动，向白人信仰群体传递信息，让他们相信反动保守派政治的狭隘议程代表着他们的"传统价值观"。在过去40年里，国家政策委员会通过数十亿美元的投入，在众多的农村社区建立了一种无所不在的文化影响力，而正是这种文化使那些本可以帮助普通人的政策承诺都被妖魔化为对《圣经》价值观的威胁。如果长期浸淫于这样的文化环境下，你势必会认为所谓的保守派和自由派永远无法找到共同的目标。

这一运动并非只拉拢白人。20世纪80年代，当我还是弗吉尼亚州马丁斯维尔的一名年轻牧师时，一位身着西装的白人敲开了我教堂住所的前门，试图招募我参加由国家政策委员会赞助的一个领导力项目。他知道我在镇上一座历史悠久的黑人教堂牧养，并说曾听过我的一次布道录音，他觉得非常好。他的组织为像我这样的年轻牧师举办了一个暑期研习班，他希望我能考虑参加。他说，他们想投资我，并发起一场为上帝重新夺回美国的运动。他们还不希望我谈论任何有关社会正义或上帝关心穷人的话题。

当今美国的社会学家把拜访我的这类人称为"白人基督教民族主义者"。[68] 他们继承了韦里奇的事业，既要制造分裂，又要让分裂显得无法弥合。塞缪尔·佩里和安德鲁·怀特黑德对最近调查结果的研究表明，认同白人基督教民族主义的人更有可能相信以下观点：在美国"投票太容易"，选民欺诈猖獗，警察使用致命武力是美国黑人的错，美国爱国者可能不得不诉诸暴力来拯救美国。虽然并非每一名白人基督教民族主义者都准备在2021年1月6日冲击国会大厦，以阻止美国非暴力的权力移交，但当司法部起诉叛乱分子时，这些人会聚集在一起为他们祈祷。唐纳德·特朗普用从他身为国家政策委员会成员的白人福音派朋友那里学到的语言，说他们一群是"崇拜上帝而不是政府"的人。

一旦了解了新自由主义经济学和基督教民族主义的历史，我们就会清晰地发现，茶党和美国政治中所谓的"让美国再次伟大"运动背后的"民粹主义"力量实际上并非源自勤劳人民的

"经济焦虑"或普通美国人的"传统价值观"。这些都不是撕裂我们共同生活结构的本土自发运动，相反，它们是由精英群体发起的资金充足的宣传运动。这些精英通过传播所谓的"自由"概念和虚假的宗教观念来维护既得利益，同时也将白人群体束缚在了一个日益不平等的社会之中——而且这一切都得到了互联网的推动。

难怪在这个有史以来最富有的国家里的穷苦劳动人民会感到愤怒。政界几乎没有人会提及他们。当我们重新发起"穷人运动"时，几位政治信息顾问告诉我们，人们不会愿意认同一场称他们为"穷人"的运动。这在我看来毫无道理。"他们比任何人都清楚自己很穷。"我对顾问说。

当我开始在全国各地旅行，与那些在工厂里工作、在学校教书、开车送人去赴约以及一整周都在超市里补货却仍然无法负担生活基本必需品的人进行交流时，他们说，是时候有人开始谈论这个国家普通人的真实情况了。毕竟，如果你说你正在试图建立一个"类中产阶级联盟"，那你根本无法真正与人们产生共鸣。我遇到的人们并不羞于被称为穷人。他们只是以政治制度为耻，因为这个制度总是在告诉他们该憎恨谁，却永远无法制订计划帮助他们提高生活水平。

新自由主义的共识是，只要失业率下降，股市上涨，每个人都会好起来。这种共识也蒙蔽了我们的政治领导层，让他们忽视了近一半美国人的困境。这些美国人正在经历科雷塔·斯科特·金在1968年"穷人运动"团结日上提到的系统性暴力。她说："漠视贫困也是暴力。"在我看来，这种漠视贫困的暴力正在让数千万美国人痛彻心扉。

由于没有人为日益严重的贫困而战,"我们无法弥合分裂"的迷思也逐渐被视为一种真理。由于看不到任何真正改变现状的希望,越来越多的美国人开始不信任政府,他们认为私营企业更有效率,并相信只有他们才最清楚该如何处置自己辛苦赚来的钱。许多人甚至被告知这一切都是上帝的旨意。但正如我所说,穷人并不愚蠢。他们知道政客在欺骗他们,这就是为什么他们中有那么多人选择完全不参与包括投票在内的任何政治性活动。一旦感觉到政府不可依赖,他们就会认为自己的首要任务是照顾好自己和亲人,而不是参与政治进程。

在2018年我们重新发起"穷人运动"时,我就知道,如果我们能够揭穿"我们无法弥合分裂"这一迷思,那些了解贫困的真正影响力的人就会成为我们所需要的基础,我们则可以借此发动一场能够从根本上改变美国政治的大规模群众运动。每一位共和党和民主党的政治顾问都知道,白宫和国会的控制权取决于两个规模大致相同的基本选民群体之间的投票率竞争。在这种背景下,竞选活动的关键,就是要不断找出那些能够刺激各党基本盘的热点议题,并充分利用对方候选人的弱点。双方都掌握着关于全美各个选区选民的海量数据,美国政治也因而像钟摆一样,经常陷入一种只能在两个固定方向之间来回摆动的模式之中。

然而,在几乎每一次美国选举中,选择不投票的合格选民人数都超过投票给任何一方候选人的选民人数。我们知道,那些合格的不活跃选民绝大多数是贫困和低收入者,他们都很清楚,现有的制度已经对他们完全不奏效。我们也知道,如果我们能够发起一场运动,让贫困和低收入者了解到他们自身的潜在力量,并为他们提供一个能够就公共生活中的重要议题进行讨论的平台,那么一个由穷人和其盟友所组成的道德融合联盟就可以重建美国。关键是要超越经常引发人们争论的那些分裂议题,并将这些重要信息直接传达给人民。我们必须揭穿"我们无法弥合分裂"的迷思。

我永远不会忘记我们去肯塔基州哈伦县的那一天,当时我们正在重新发起"穷人运动"。哈伦县是肯塔基州东部最贫穷的县之一,位于马丁县以南。1964年,林登·约翰逊总统正是在马丁县开始"向贫困宣战",在此之前,还没有任何一位总统到访过这些山区。[69]那天,"海军陆战队一号"直升机飞过一座山丘,然后降落在一片开阔的田野上,但从那以后,就再也没有总统到访这里。从福音广播电台上宣扬的基督教自由主义到参议员兰德·保罗和米奇·麦康奈尔在每次竞选连任时投放的反政府广告我们就能看出,新自由主义者通过其智库打造的自由迷思已经在当地产生了深刻的影响。有些人跟我们说:你们简直是疯了,怎么想到去那里搞运动推广?但哈伦县正是检验我们运动的影响力的一个好地方。

驱车进入该县之后,我注意到铁轨紧贴着山坡延展,山坡上有些零零散散的小隔板房屋,仿佛悬挂在半空中一样。我们经过的那些萧条的小镇看起来早已不复往日的辉煌。那些还在使用的建筑物也都已经破败不堪。受一群黑人和白人矿工的邀请,我们来到了一座老旧的学校建筑前,在那里与他们碰了面。我和他们一起坐下来,然后给他们讲关于我外祖父的故事,他曾在西弗吉尼亚当过煤矿工人。然后，我请他们讲讲关于他们社区的情况。一位矿工说："他们出卖了我们。"

我问道："你这话是什么意思？"

他告诉我，政客们曾跑到他们这里来，跟他们大谈同性恋者会如何威胁他们的价值观，但后来这帮人一回到华盛顿特区，就开始允许跨国公司进入这里。这些跨国公司接管了采矿业务，却没有为矿工提供足够的养老金和医疗保健，更没有采取措施保护他们称之为家的山脉。现在这些公司为了开采煤炭，不惜把山顶给炸翻，这样他们就不用花钱雇人到地下开采了。他们也没有采取任何措施照顾那些因在矿井里工作多年、现在已患上黑肺病和其他各种疾病的工人。

但这还不是最糟糕的。一位老矿工说："如果你去到那片树林，你会发现整个营地挤满了年轻人。他们都是被赶出家门的，而这全都是因为所谓的'同性恋议程'，说它会摧毁我们的社区。有些人真相信了这些说法，所以当有些孩子告诉父母自己是同性恋时，他们就被赶了出去。现在这些孩子吸毒成瘾，而说我们的孩子会毁掉这里的那帮浑蛋，却把我们的社区出卖给了那些为了赚钱不惜炸毁山脉的公司。"

这些矿工已经认识到，围绕着社会和道德问题的文化战争还在持续宣扬分裂不可避免的迷思，并加速了他们社区的分崩离析。他们的政治敏锐度不亚于我见过的任何政治策略家。他们对现状有着非常清晰的认识，并且想帮助我们组织一个道德融合联盟来对抗这种现状。我们一起开车前往小镇上的一座教堂，准备在那里与前来参加道德融合组织培训的人们共进午餐。还有一大车的人从路易斯维尔赶来,他们想看看在肯塔基州东部能找到哪些盟友。当我走进这座小镇教堂时,发现里面已经挤满了人,他们都想知道我们如何能够通过共同努力摆脱当下的贫困,过上更好的生活。

我们"补破口者"团队制作了一系列幻灯片,以帮助人们了解各种贫困社区议题与美国政治之间如何相互关联。[70]在第一张幻灯片中,我们展示了一幅美国地图,并在上面标注出了美国贫困程度最高的区域,我们可以看到,阿巴拉契亚山脉以及美国南部和中西部的大片地区都被标出。在第二张幻灯片中,我们叠加了一幅标注了自2010年以来通过选民压制措施的州的地图。结果显示,这两个地理区域几乎完全重合。在接下来的幻灯片中,我们又在地图上标注出那些已通过反堕胎或反性少数群体立法的州(这些立法无疑都是为了推进"南方战略"所鼓吹的"文化战争")。每次当我们将不同的地图叠加时,所标出的区域总是相同的。当我们标出拒绝根据《平价医疗法案》扩大医疗补助的州时,再次与之前标出的区域重合。最后,我们把一张标出白人福音派新教徒最集中分布区域的地图也叠加了上去,结果再次与前面标出的区域重合。

这些数据与老矿工从亲身经历中所了解到的情况一致。那些推动文化战争分裂议题和反政府干预的政客,把他们的信息包装成"传统价值观",并将其推销给以白人基督徒为主的选民社区。这些政客所代表的地方正是全美最贫穷的地区之一。

在我播放完幻灯片后,一名坐在教堂后面的男子说:"牧师,请再给我看看那些幻灯片。"于是我迅速点击幻灯片回放,并把那些相互关联并且已经在我们各个社区堆积如山的议题又一个个解释了一遍。

"好吧，我真是没想到，"那名男子在我再次讲解完幻灯片后说道，"他们一直在挑拨我们互相对立。"这名男子告诉我，他是麦科伊家族的一员，该家族和另一个叫作哈特菲尔德的家族因在肯塔基州东部和西弗吉尼亚州长期对峙而臭名昭著。作为一个自南北战争以来便与其近邻分庭抗礼的家族的继承人，他现在终于被一种简单明了的叙事唤醒，正是这一叙事让他认识到，他和他家族世世代代所接受的身份认同不过是一种虚假迷思的产物，是为了服务那些远离他家乡的精英阶层的利益和需求。

于我而言，他那天的陈述可以说非常具有标志性：一位真正的麦科伊家族成员能够站出来表露心声，这说明美国人已经厌倦了那些不断变换花样来制造对立的陈旧迷思，他们渴望听到一种能告诉他们自己到底是谁的新叙事。我不知道需要多长时间，但那天当我看到会众的面孔时，我知道哈伦县的这群白人将回家告诉他们的家人和邻居，他们可以通过团结黑色和棕色人种的邻居，成为更好的自己。也许这不仅仅是一次能够改变未来选举的政治议题的运动，而是一场能够从本质上成就我们国家应有之样貌的运动。

PART THREE

重建民主

第 三 部 分

第七章

直面白人贫困之痛

2019年10月,我离开位于北卡罗来纳州戈尔兹伯勒的家,开车穿过蓝岭山脉的一座座山丘,到达肯塔基州的科尔宾。一路上层林尽染,秋色绚烂。科尔宾是煤炭产区的一个古老铁路站,几十年来一直是肯塔基州东部山区居民的社会和经济中心。肯塔基州最著名的人物之一桑德斯上校,就是在这里开始其炸鸡生涯的。长期居住在此的人都以为科尔宾是一个纯白人的城镇,但事实并非一直如此。与北卡罗来纳州的米切尔县一样,科尔宾在20世纪初开始招募黑人修建铁路。但白人应当视黑人为威胁的古老迷思在这里确实产生了影响。1919年,两名黑人铁路工人被指控在镇上抢劫一名白人,随后一群暴徒在科尔宾挨家挨户搜查,这迫使那些惊恐的黑人匆忙乘坐火车离开了这座城镇。为了活命,黑人放弃了他们辛苦挣得的一切,落荒而逃。就这样,肯塔基州的科尔宾从此变成了一个纯白人的小镇。在这里,就像在很多地方一样，我们历史上的种种暴力都被掩埋在了日常生活的表象之下。

在科尔宾这样的地方，隐藏的暴力不仅影响了失去一切的黑人家庭，它还存在于古老迷思为白人提供的虚假身份认同之中。正如圣经上所说，父罪必及其子，直到三四代。我在科尔宾就看到了这种情况。在一个纪念这段被遗忘历史的百年活动上，我遇到了一位叫莱金的年轻白人女性，当时她穿着东肯塔基大学的T恤，脸颊通红。这似乎是她第一次打开心扉，与别人倾诉她人生中最为艰难的那段奋争。在一座小教堂里，黑人和白人齐聚一堂，除了分享个人的真实经历，他们还讨论了如何才能组织起来，为肯塔基州的所有人创造一个更美好的未来。莱金分享了她成长过程中对黑人和移民的恐惧，这在她的家庭和学校里原本都是司空见惯之事。她还表达了对父母的钦佩之情，尽管好工作非常难找，未付账单像脏衣服一样堆积如山，但他们一直在竭尽全力为她和她的兄弟姐妹提供生活所需。当莱金开始接受自己是同性恋的事实时，她意识到，在现实中，人们对她和她性取向的看法与他们对黑人和移民的看法竟然如出一辙。

"这一切都源于恐惧。"莱金对那天在教堂聚集的人们说道。她回忆说，每年秋天，她所在社区的孩子们都会被送去参加一个名为"地狱之旅"的干草车游行，这个活动会公开地演绎一些描绘永恒诅咒的场景，看起来如同中世纪的受难剧一样。教堂宣称这一活动是为了"让人获得拯救"，但莱金突然意识到，它实际上是在以上帝的名号要求年轻人遵守白人文化的社会规范。

后来，莱金的父亲丢掉了在建筑工地的差事，并染上了毒瘾，这使他和家人都感到非常羞愧。莱金的父母选择了分居，莱金和兄弟姐妹开始跟着父亲一起生活。生活窘迫，他们只能收集雨水，然后用柴火炉子煮沸之后再喝。莱金回忆说，她的母亲为了支付孩子的抚养费，经常要加班加点工作，等到深夜没其他人的时候，她才会拿着那些用于补贴低收入者的食品券去杂货店买东西。但莱金"出柜"后，她的家人开始对她避之不及。刚刚成年的她因此只能住在自己的车里，而为了支付大学学费，她不得不同时干着三份只提供最低时薪的工作。长久以来，莱金都在承受着一种根本性矛盾的折磨：她的父母是她心目中最伟大的英雄，是她的至亲，但又因为恐惧而完全站到了她的对立面。

"我已厌倦生活在恐惧之中，更不想让这种恐惧令我沉默。"莱金在纪念黑人被驱逐出科尔宾一百周年的集会上对大家说。当她无法用言语来表达这一切对她的意义时，我看到她眼中涌出了泪水，并感受到了此时此地的神圣意义。在这样一个每周日聚集敬拜上帝的圣地，一位年轻白人女性用自己的坦诚揭穿了美国公共生活中那些常常被掩盖的现实。她所描述的那种羞愧感对我而言并不陌生：当我小时候第一次看到黑人母亲们排队领取福利的画面时，我就曾经有过这种感觉。作为一名牧师，当看到人们面临驱逐时，当看到一些人尽管拼命工作却仍无法同时支付得起汽车维修费和电费，并因此不得不向教会伸手要钱时，我也深切感受到了这种羞愧。

黑人群体深知在贫穷的双重困境中挣扎的滋味。你不仅无法维持生计，还要因为自己的困境受到指责，好像这一切都是你自己的错。然而，当你知道那些对你的存在进行污名化的故事都是谎言时，你就会发展出精神和文化上的资源来抵抗这些虚假言论。40年来，我在每个周日都会按照福音传统布道，我总是告诉人们，即使知道教堂外面的那个世界常常充满了贬低他们价值的谎言，也要挺起胸膛做人，要相信自己是上帝所钟爱的孩子。然而，许多白人却并没有接受过这种鼓舞人心的福音教义。更常见的情况是，他们在周日早晨所听到的讲道会被用于打压他们自身，会被扭曲为一种支持现有的不公正社会秩序并加剧他们生活困境的工具。

作为一个在肯塔基州东部山区长大的白人，当莱金坦陈她对既是白人又是穷人的困惑时，我明白她是在陈述白人贫困的一个独特之处：这是一种注定要独自承受的诅咒。

在我们这个国家的共同生活中存在着一个可悲的现实，那就是困扰数百万白人的贫困和经济脆弱性，实际上是所有缺乏经济保障的美国人的共同经历。贫困并不是当前美国经济中一个罕见的小故障。贫困是我们经济结构的一个固有特征。巨额财富越来越向少数人集中的代价，就是像莱金家这样的普通人越来越遭到孤立。值得注意的是，正如南希·麦克莱恩和其他历史学家所指出的那样，自20世纪中叶以来，我们的共同生活正日益变得不平等，普通民众也变得更加孤立，但认识到这一历史现实并不等于我们能够真正了解莱金这些人。这些白人除了要面对贫困的日常现实，还要应对那些古老迷思通过编造谎言给他们制造的恐惧。这种现状让我体会到，正如同各种形式的不公正会相互交织和彼此强化，我们的各种政策决策也存在着互相影响和叠加的问题，而我们今天的这种社会状况正是拜此所赐。所以，要想找到摆脱当前困境的办法，我们就必须从莱金这类人的真实受困经历中吸取经验和教训。

一旦我们直面白人贫困及其影响，我们就可以认识到一个经常被公众话语掩盖的痛苦现实。所有穷人每天都要面对持续的创伤性压力，而这些压力总是会落在特定地方的特定人群身上。像莱金这样的人就直接受到了企业游说者的影响，即使生产率在提高，企业利润在飙升，那些游说者仍在不遗余力地试图压低劳动者工资。与此同时，她也一直被所谓的"保守派"政客代表，这些人反对在医疗保健、经济适用住房和公共教育等领域进行投资——要知道，根据那些试图将贫困归咎于穷人的扭曲叙事，莱金可是"做了所有正确的事情"，但即便如此，上述领域实际的生活成本仍然导致她不得不睡在车里。这些政治领导人以及他们的宗教盟友和媒体伙伴还声称，移民、同性恋者或选择不生孩子的女性才是这个社会的真正敌人，他们试图通过这种方式来转移人们对日常问题的注意力。当仇恨的目标从其他人转向她自己时，莱金终于意识到："这一切都源于恐惧。"正是恐惧导致了她和邻居的疏离，并因此使她无法获得生存必需的关怀和支持；正是恐惧导致了她与父母的疏离，尽管父母曾经是她心目中的英雄，曾经为了她，也为了维持整个家庭而拼尽全力。

在科尔宾的那座小教堂里，当莱金无法用语言解释她内心为何感到如此痛苦时，她扑进了我和利兹女士的怀抱。利兹是"穷人运动"的领导人之一，是我的姐妹。

"对不起，对不起。"莱金把头埋在我的肩膀上，低声说道。

"没关系，尽情哭吧。"我告诉她。当她泪流满面时，我转向满屋子刚刚见证了她脆弱时刻的人们。"我们需要感谢我们的姐妹，感谢她邀请我们进入一个神圣的空间，"我对他们说，"我希望我们每个人都能花一分钟时间来哀悼我们因为那些分裂性的谎言而遭受的伤害。"

我们要记住，白人和其他人一样会感受到痛苦。当他们饥饿的时候，他们的肚子也会像其他人一样咕咕叫；当他们生病的时候，他们也要忍受疼痛；当他们被遗忘在寒冷的户外无家可归时，他们的肌肉也会紧张和颤抖。我知道，这就是穷人能够团结起来的根源：如果你也付不起电费，那我们就都是黑暗中的人。

当我在德鲁大学攻读教牧神学和公共政策的博士学位时，我选修了法医心理学课程。在此之前，我在侦探剧中看到过一些针对法医实验室的描述，也通过刑事案件的新闻报道了解到证据会如何影响一起谋杀案件的调查过程，但我从未见过法医心理学家。每周在课堂上，我们都会听案例研究。我有幸能够向那些一生都在试图通过仅存的证据来理解犯罪的人学习。我永远不会忘记其中一位讲师对我们说的话："你必须从伤口开始，因为伤口会说话。"

例如，在法医心理学家看来，腹部的刀伤通常意味着亲密关系。这引发了一个问题：哪些人与受害者关系密切，谁有可能对他们动怒并因此出手伤人？当人们诚实地讲述自己受到的伤害时，他们的伤口往往能够透露出那些塑造他们生活的或好或坏的人和经历。如果这一点对于灵魂的关怀是正确的，那么对于社会的关怀也同样如此。当我们关注政策暴力的伤口时，这些伤口同样会说话。它们不仅仅能够展示出我们是如何走到这一步的，当我们愿意倾听时，它们还可以帮助我们在受伤的人和能够真正改变他们生活的公共政策之间建立必要的联系。

　　一旦我们选择直面白人贫困者那些常常被隐藏的伤痛，我们就会发现，这些伤痛能够引导我们触及这个国家每一个族群和地区的现实。正视白人贫困的伤痛并不是要忽视种族问题。我憎恶美国根深蒂固的种族主义，这是一种原罪，但我希望通过打破种族之间的藩篱来颠覆我们通常所讨论的那些关于贫困的话题。我想要审视白人贫困的暴力证据，这样一来，我们便可以通过那长期被掩盖和粉饰的破损系统中的裂缝来看清事情的真相。

　　在我们组织"穷人运动"的早期，我收到邀请前往纽约州的宾厄姆顿，与在那里的活动组织者会面。虽然我在成年之后便频繁往返于纽约市区，但我一直想去纽约上州看看。在成长过程中，我听过被奴役者逃到北方的故事。我总是把纽约上州想象成一片充满希望和自由之地。我想去罗切斯特，走在弗雷德里克·道格拉斯生活过的街道上，呼吸哈丽特·塔布曼在冒着生命危险回去帮助其他被奴役者之前呼吸过的自由空气。① 接到去宾厄姆顿的邀请之后，我便非常期待能早日前往此地。我的第一反应是，这是一个很好的机会，我们可以借反思过去来激励我们当下为自由和正义做出努力。

　　当我开车进入地处纽约上州的城镇时，我眼前所见的是一座衰败之城，与肯塔基州东部那些早已辉煌不再的城镇几无分别。曾经雇用数百人的大型工厂现已人去楼空。店铺的门窗紧闭，路

---

① 弗雷德里克·道格拉斯和哈丽特·塔布曼都是19世纪美国著名的废奴主义者，而且都曾经是奴隶，并都有着成功从美国南方逃亡至北方的经历。——译者注

面坑坑洼洼，曾经熙熙攘攘的街道如今也变得寂静无声。那些20世纪中叶由工薪家庭建造的房子已经传给了在这些房子里长大的下一代，但看起来大多数有财力维持这些房屋的人都搬走了。仍然有人居住的房屋都已经破败不堪，急需修理。

我们的"穷人运动"活动在市中心的一座古老教堂举行。教堂里铺着红色的地毯，有宽大的拱形门廊，圣所前方圆顶下还悬挂着一幅巨大的耶稣油画。虽然这座教堂是为了举行大型宗教活动而设计建造的，但这里已经很久都没有举行过如此规模的聚会了。尽管为了突显我们联盟的融合性质，我们安排让黑人和白人混坐在最前面的位置，但我注意到，坐在后面那些长椅上的几乎全是白人。

活动启幕，众人的情绪也喷涌而出。在大家积极分享自己故事的同时，有些人则回忆起当年的"公平交易"[①]：他们都生活在一个公司市镇[②]里，人人有活干，收入也都有保障，而公司老板们也都认可普及医疗保健、发展教育和提供娱乐的积极意义。过去，宾厄姆顿曾是美国的制鞋中心。但后来工厂关闭，工作岗位也随之消失，政府则没有采取任何能够保障民众基本需求的措施。一位中年白人女性告诉我们，她是在当地经济逐渐萎缩的年代长大的。她站在麦克风前，分享了自己最早期的记忆——她的母亲因为无法负担抚养她的费用而把她送入了寄养家庭。"我记得她

[①] 公平交易（Square Deal）：美国第26任总统西奥多·罗斯福在20世纪初提出的一项政策理念。它旨在实现社会公正，通过公平的法律和政策来保护普通公民和工人免受企业和富人垄断的影响。——译者注

[②] 公司市镇（company town）：是指一个由某公司拥有和管理的城镇或社区。在这里，几乎所有的居民都是该公司的员工，公司的管理层不仅控制工作场所，还对本地的基础设施和服务负有责任。——译者注

给我的小玩偶。它有一头金发，穿着蓝色的裙子，还拥有一条小的洗脸巾和一块假的肥皂。"在两岁时，她有一个长得像她自己的娃娃，而且这个娃娃拥有保持漂亮和干净所需的一切。然而，她的家庭却因贫困支离破碎。"我认识的每个人都很穷。"她对那天晚上聚集在教堂里的人们说道。

与自己的母亲不同，这位女士决定把自己的孩子留在身边。在十几岁的时候，她就从大学辍学，然后找了一份拿最低工资的工作。她最终养育了四个孩子，但她回忆说，有时候她会连续几个月都没有任何收入。为了养活孩子，她不得不去垃圾箱里寻找食物。"我最近被诊断出患有创伤后应激障碍，"她告诉我们，"但我现在很高兴能够因为我的这些贫困经历而获得认可，成为你们中的一员。"

美国后工业经济的现实着实令我震惊，因为即使在那些政客声称与穷苦劳动人民站在一起的所谓自由州，也有数以百万计的民众在承受生活之苦。数据表明，在那些被反政府干预派和反动保守派控制的地方州县，贫困情况最为严重，但在像宾厄姆顿这样主要生活着白人的地方，贫困的伤痛却清晰地暴露了另一个悲哀的事实：美国的两党已经形成一个共识，那就是企业自由比普通美国人的生活更重要。

2023年初，加利福尼亚大学河滨分校的戴维·布雷迪博士领导的一个研究小组发表了一份报告，量化了我们日常生活中这一令人震惊的伤痛。他们发现，贫穷是美国第四大致死原因，比肥胖症或糖尿病更致命，而且别忘了，肥胖症和糖尿病这两种疾病都会因为贫困而加重。与此同时，贫困的致死率也超过了枪支暴力。布雷迪说，是公众对枪支致死的强烈反响以及关于减少枪支暴力的政策讨论促使他决定去做这些统计。美国宪法第二修正案保护了美国人持有武器的权利，但没有任何修正案会保护我们免受贫困的影响。如果贫困导致的死亡人数远远超过枪支暴力，为什么我们没有更多地去讨论减贫问题？

在分析了全国各地社区的纵向研究数据之后，布雷迪及其团队发现，从大约40岁开始，当前贫困人群的预期寿命开始与其身边的非贫困人群出现显著差异。对于那些常年处于贫困中的人来说，这一差距更为明显。通过全国贫困人口统计数据，我们知道，黑人、棕色人种和原住民社区都受到了极为严重的影响。但如果在美国每天有800人因贫困而死，那么其中大约一半会是白人。

正如我们在新冠疫情期间所看到的，当每天有数百人死于一种病原体时，我们会将其视为一场公共卫生紧急事件。我们会投入大量资源开发疫苗和治疗方法，我们会彻底改变日常生活的常规模式，我们会团结起来照顾社区中的弱势群体。我们之所以这样做，是因为我们珍视自己和邻里的生命。这就是为什么美国人能够进行重大投资以及在文化和政策上做出变革，以终止招募童工、为老年人提供社会保障和医疗保险、抗击肺癌以及减少汽车事故死亡人数。如果我们知道贫困造成的死亡人数比车祸、中风或药物过量造成的死亡人数还多，为什么我们不能让每个人都加入消除贫困的"登月计划"中呢？为什么我们没有对低薪工作贴上"医疗总监警告"①的标签？

白人的贫困之痛是一种特殊形式的暴力，而通过直面这种伤痛，我们能够了解到一些关于暴力施害者的真相。对于那些从杀害穷人的日常经济政策中获利的人而言，这些人的道德病症在于，他们并不觉得自己与那些正在死去的人有任何相似之处。一个法医心理学家会告诉我们，我在宾厄姆顿目睹的这些伤痛既不是激情所致，也不是由自卫行为所造成：这些伤痛更像是行人被醉酒司机撞倒后受的伤，然而这个司机在第二天醒来之后，却根本不记得自己撞过人。许多美国人早已对各种非必要死亡司空见惯，因为醉心于追逐利润和各种所谓"进步"的他们根本不会关注到那些正在遭受碾压的人。白人的贫困之痛告诉我们，如果我们想要重建美国民主，就必须正视和化解这场良心的危机。

美国的宗教传统为核心道德原则的重建提供了有力的资源。先知们反复说："你们要求善，而不要求恶，就必存活。"而当领导者陷入腐败并通过各种政策压迫穷人和弱势群体时，先知们总是对国家说："你们的选择正在毁灭你们。你们的领导者正在扼杀你们的国家和你们的未来。你们若愿意成为神所要你们成为的国，就要求善而不求恶，这样你们就能存活。"美国存在着许多不同的宗教传统，但它们有一个共同点，那就是都反对贪婪，尤其是存在于一个将利润置于人民之上的经济体系中的那种常态化的贪婪。

白人的贫困之痛揭示了一个事实，那就是当前的这套经济体

---

① "医疗总监警告"（Surgeon General's Warning）通常被用来提醒公众某些行为或环境对健康的危害。例如，美国香烟包装上的警告标签就是一个典型的"医疗总监警告"。——译者注

系正在给我们造成致命性的伤害。我记得我在西弗吉尼亚州遇到过五名白人女性，她们都只能靠微薄的收入来维持生计。每周二，这几名女性都会在路边摆出一张小折叠桌，向过路人出售墨西哥塔可饼。她们会把赚到的钱存入一个共享账户中，然后专门用来购买女性卫生用品，以供她们自己和社区中那些即使同时打着两三份工也买不起此类基本生活必需品的女性使用。

和绝大多数贫困和低收入者一样，这些女性就是所谓的"有工作的穷人"。但这种称呼方式其实是由那些想要挑拨穷人关系的势力创造出来的，那些人企图以此来暗示，某些在工作的穷人确实应该得到公共支持，但如果你没有参与劳动，那你就是自作自受，根本没有资格得到政府的资助。然而，2017年的一项研究发现，美国只有3%的适龄成年劳动者因不明原因退出了劳动力市场。大多数穷人其实都在工作，他们中有些人在无偿地照顾家庭成员，有些人则是在企业里拿着低薪打工。虽然政府在不断为低薪打工者服务的企业提供税收减免、资金救助，甚至还会通过食品券和医疗补助等形式向打工者提供补贴，但这些打工者实际拿到的薪水还是不够维持他们的基本生活。通常情况下，为了维持生计，这些人不仅要出门工作，还得做一些像卖塔可饼这样的副业。所以说，与其称他们为"有工作的穷人"，我们不如称他们为"致贫工资"的受害者。

白人的贫困之痛揭示出，允许雇主向工人支付低于维生工资的报酬是一项影响了我们所有人的政策选择。而事情本不必如此。1933年，务实且虔诚的弗朗西丝·珀金斯成为美国第一位女性劳工部长。珀金斯深受社会福音学说（一种强调耶稣教义中对正义之要求的神学）的影响，在对贫困问题进行了深入研究之后，她决定敦促时任总统富兰克林·罗斯福推行联邦最低工资制度。在将这一新政措施签署为现实法律之后，罗斯福说："任何依靠向工人支付低于维生工资的报酬而存活的企业，都没有继续在这个国家存在的权利。"今天许多两党政客都喜欢谈论的"中产阶级"并不是靠那只自由市场的无形之手创造出来的，相反，它是包括联邦最低工资在内的各种政策的产物。

但新政时期的经济提振政策并没有惠及所有人，特别是许多非白人工人都被排除在外。因此，在组织1963年的华盛顿大游行时，美国首个黑人工人工会的创始人A.菲利普·伦道夫提出，此次游行的议程必须包括为所有美国人争取工会权利和每小时2美元的最低工资等要求。今天，当我们回忆起华盛顿大游行时，大多数美国人想到的是马丁·路德·金的梦想，即建立一个不是以"皮肤的颜色，而是以品格的优劣"来对人进行评判的社会。但实际上，"就业与自由"才是组织者当初宣称的游行主旨。考虑到通货膨胀，当年他们所要求的每小时2美元最低工资，大概相当于今天的每小时17美元。

自2009年美国国会最近一次提高最低工资以来，物价累计上涨了近50%，但截至2023年，美国的最低工资仍为每小时7.25美元。而对于有小费的工人来说，最低工资为每小时2.16美元——小费使雇主可以将更多的劳动力成本转嫁给客户。自2013年服务业工人发起提高最低工资的运动以来，我一直在积极支持他们争取获得15美元的最低时薪，我也总听到那些政客在不断地唱反调，他们说，提高工资将增加失业率，因为公司将不得不通过裁员来降低成本。但低薪劳动者都知道，政客们的这一说辞根本不符合实际的经济数据。

1992年，新泽西州提高了最低工资，而邻近的宾夕法尼亚州却没有跟进。普林斯顿大学的戴维·卡德和艾伦·克鲁格意识到，这是检验那些反对提高最低工资论点的一个良机。他们在最低工资上调前后对两个州的410名快餐店员工进行了调查，结果发现新泽西州的快餐业工作岗位并没有因为最低工资的提高而减少。卡德和克鲁格总结道："我们的实证研究结果挑战了提高最低工资会减少就业的预测。"卡德教授凭借其研究推翻了"提高工资必然导致失业"的错误观点，并于2021年与他人共同获得了诺贝尔经济学奖。

然而，白人的贫困之痛让我们意识到，时至今日，低工资仍在威胁着数百万美国人的生命。几千年前，《圣经》中的先知耶利米写道："那行不义盖房，行不公造楼，白白使用人的手工不给工价的，有祸了。"当古人称先知为"预言者"时，并不是说他们有魔法般的能力，可以透过水晶球看到我们无法知道的未来细节。他们的意思是预言者可以看清我们共同生活的模式，知道我们的选择将把我们引向何方。当政客们相信那些为"致贫工资"辩护的谎言时，他们做出的决定会损害我们所有人，包括他们自己的利益。贫困并不仅仅是在杀戮穷人，它也在扼杀民主承诺的核心价值。

然而，"有祸"并不是一种无法挽回的诅咒，因为它并没有彻底断绝任何人实现正义和施行慈爱的可能性。只要我们还能听到警告，我们就有时间改弦更张。"有祸"更像是高速公路出口的"错误方向"标志。耶利米说，如果我们继续让人们无偿工作，我们就会走向毁灭。当我们削弱劳动者的权益时，我们也在削弱我们共同生活的基础。

白人的贫困之痛所揭示的，不仅仅是掌握资源者在肆意践踏社会基础性劳动者的权利，因为只要我们愿意更深入地去研究白人的贫困问题，就会发现，那些通过剥削低工资劳动者获取利益的人，还会试图压制被剥削者的声音。斯坦利·斯特吉尔就是这些被剥削者中的一员。2018年春天，我在位于法兰克福市的肯塔基州议会外的一次集会上遇到了斯坦利。他身材结实，留着短短的灰色胡须，在年轻时成为一名煤矿工人——要知道，当时这可是他家乡肯塔基州林奇最好的工会工作[1]。他在肯塔基州东部最高峰布莱克山下的煤矿工作了41年，但在此期间，美国的工会却由于公共生活中一些力量的影响而遭到了严重的削弱，劳动者的工资水平也受到了极大的抑制。

在整个20世纪五六十年代，也就是斯坦利这代人的成长时期，美国有近1/3的工人是工会成员。凭借工会的力量，这些工人不仅能够通过协商获得体面的工资，还能够享受到医疗保健和退休福利，他们和家人获得的经济保障是今天一半美国人都难以企及的。但为了给自己和投资者攫取更多的利润，那些力图压低工资的企业利益集团开始通过攻击工会来损害工人利益。他们通过在州议会推动所谓的"工作权利"立法来限制工会的发展扩张，他们还通过资助各种反工会宣传活动来诋毁这些由数代劳动者为

---

[1] 工会工作（union job）：指的是由工会组织管理和保障的工作，这通常意味着相对于非工会工作，工人在工资、福利和工作条件等方面享有更多的保障和权益。——译者注

保护自己和子孙后代免受企业贪婪侵害而建立的组织。如今，只有10%的美国工人是工会成员，这一比例远低于20世纪50年代的35%。

工会成员数量下降对没有大学学历的白人男性造成的冲击最大。1979—2017年，也就是斯坦利在肯塔基州煤矿工作的那几十年间，像他这种白人男性的收入下降了13%。经济学家安妮·凯斯和安格斯·迪顿将这种经济福祉的下降与该群体的发病率上升联系起来，他们将这种现象称为"绝望致死"。是的，贫困的确会夺走人的生命，因为生病的穷人无法获得应有的医疗保障，而无力支付账单的压力也会对身体造成损害。此外，失去集体发声的手段也会对他们产生心理层面的影响。

凯斯和迪顿发现，那些失去工会支持的白人男性群体中存在肝病多发、药物使用过量和自杀激增等现象，这显然是白人贫困之痛的另一个表现。在古老的迷思宣称这些人有责任通过自我奋斗来摆脱困境的同时，许多贫困的白人却失去了维持基本生活所需的基础设施。结果，很多像斯坦利一样的人会发现自己已经完全孤立无援，同时还会把自己和家人所遭受的痛苦全部归咎于自己。就像莱金的父亲一样，一些人开始转向毒品寻求解脱。或者，正如我访问堪萨斯州时一位农妇所告诉我的那样，一些男人会试图将自杀伪装成意外事故，这样他们的家人就可以从人寿保险公司那里获得足以维系后续生活的赔偿金。

白人的贫困之痛悄悄诉说着低工资和工会消失之间的联系，它说明贫困不仅会残害我们的身体，同时也在威胁着我们的民主。这种联系让我逐渐意识到，每个人发出声音的能力与他们作为人类所固有的尊严之间存在着密切的关联。在我的信仰传统中，我们相信人类是按照上帝的形象创造的，也就是说，每一个人都是创造和维持生命的那个至高存在的体现。人类尊严和生命的内在价值根植于我们的创世故事，同时也反映在上帝赐予人类说话的能力上。在所有生物中，只有人类被上帝邀请为其他动物命名。在《创世记》中，上帝通过言语创造了生命，接着赋予了人类说话的能力。事实上，在《圣经》的创世故事中，事情出错的标志就是上帝呼唤人类却没有得到回应时那种孤独的沉默。失去声音是一件可怕的事情。

我的拉比朋友告诉我，在古代创世故事中，表示"声音"的希伯来语单词"kol"在现代希伯来语中也有"投票"的意思。[①]虽然人们可以在工会或政党中联合起来发声，但在美国民主制度中，每个年满18岁的公民理应拥有的基本声音就是他们的投票权。在我们的政府体系中，你的声音就是你的选票。白人的贫困之痛则揭示出，维生工资缺失和投票权遭到削弱之间存在着一种根本性的联系。

当然，从美国民主的实验阶段开始，许多人的声音就被排除在公共生活之外。妇女、美洲原住民、奴隶和那些没有土地的人都没有获得选举权，而把他们排除在外的正是那些宣称"人人生而平等"的制宪者。尽管如此，对平等享有选举权的承诺还是多次激发了修改宪法以扩大投票权的运动。美国宪法第十五修正

[①] 拉比意为圣者，是犹太教中负责执行教规、律法和主持宗教仪式的人，以《创世记》作为开篇的《圣经·旧约》被犹太教和基督教奉为经典，最初用希伯来文写成。——译者注

案保障了内战后奴隶的投票权。1920年的宪法第十九修正案扩展了妇女的投票权。44年后，美国批准了宪法第二十四修正案，取消了南部曾经用来限制投票权的人头税。不到10年后，宪法第二十六修正案将投票年龄从21岁降低到18岁。伴随着这些逐渐取得的进步，越来越多的声音被纳入了美国的公共生活中。

为了抵制民主的扩张，那些竭力压制工资水平和削弱工会影响力的势力也同样在竭力限制贫困和低收入者获得投票权。自2013年最高法院就"谢尔比县诉霍尔德案"做出判决以来，1965年的《投票权法案》就已经失去了对州立法机关的监督权。这个法案最初旨在保护选民的投票权不被侵犯，尤其是在那些有排斥历史的地方，但这项裁决却使得州立法机关可以在得到多数支持的情况下修订选举法律，从而使投票变得更加困难。所谓的"选举诚信"措施也已被引入那些有长期选民压制历史的州，它们会通过清理选民名册或要求选民提供身份证件等现代手段来限制投票范围，并借此来压制多种族选举联盟的潜在影响力。

我把这种现实称为"詹姆斯·克劳当上律师之后"。换句话说就是，这好比"吉姆·克劳"的"儿子"上了法学院，现在正回过头来用更为复杂隐蔽的手段破坏民主。这还是种族主义吗？当然是。但正如我们所见，种族主义从来不仅仅是限制黑人的权利。种族主义的选民压制可能针对的是黑人，但它伤害的却是大多数人。如果我们要打败"詹姆斯·克劳"，我们就必须将所有受到这些攻击影响的人联结起来。20世纪60年代美国第二次重建期间，"吉姆·克劳"被一场道德融合运动推翻，但他的"儿子"上了法学院，然后一身西装革履回到了州议会。"詹姆斯·克劳律师"的数据分析和法律手段比旧时的"吉姆·克劳"更复杂，但目标却没有发生变化，那就是虽然口头上支持民主，但实质上仍要通过少数人统治来维护一个不平等的社会。

在贫穷和低薪劳动者所获实际收入的价值下降的同时，穷人在美国公共生活中的声音也受到压制。减少投票权、清理选民名册、要求选民出示严格的身份证件、划分选区以便反动保守派无须获得多数票就能赢得多数席位，这些都是"詹姆斯·克劳律师"所使用的伎俩。联邦法院认为这些做法构成种族歧视，因为它们对黑人选民和有色人种选民构成了尤为严重的伤害。但从绝对数字来看，受选民压制影响的贫困白人数量比黑人或拉丁裔选民更多。这也是白人贫困在我们的政治体制上留下的一道伤疤。

早在2013年时，作为全国有色人种协进会北卡罗来纳州分会主席的我就清楚地感受到，针对选民的法律限制正呈现日益增加的趋势。为了阻止一项包含了数十条选民压制措施的法案，我们在联邦法院起诉了北卡罗来纳州州长。我们认识到种族主义的选民压制势必会给众多群体造成伤害，并为此制定了相应的法律行动策略。作为一个为非裔美国人争取合法权益的民权组织，全国有色人种协进会北卡罗来纳州分会此次并没有单独提起诉讼，而是与妇女选民联盟、学生、教会以及其他合法团体联合入禀法院，因为这些团体认识到，拟议的法律修订也会给他们的合法权益带来冲击。

罗斯内尔·伊顿老妈妈是一位颇有威望的黑人长者，她在20多岁时就打败了"吉姆·克劳"，但没想到在80多岁时却因选民的身份证要求而面临被剥夺选举权的窘境。她是我们此次诉讼案件的主要原告，但她并不是一个人在作战。那些不被允许使用学生证自证身份的年轻人可能会被挡在投票站外。对提前投票的削减也威胁到了低薪劳动者的投票权，因为他们根本无法自由安排时间，很可能在周二投票日那天被派到两个县以外的工作地点。代表这些选民的原告也参与了本次诉讼。

当法院发现该法律以"近乎外科手术般的精准度"针对非裔美国人时，这不仅仅是北卡罗来纳州黑人选民的胜利。它还意味着许多白人选民的投票权利得到了保障，因为他们本可能因为无法提供有效的身份证明而失去提前投票权或被投票站拒之门外。从绝对数字来看，没有哪个群体比贫穷白人选民受到的影响更为严重。他们不仅是需要获得更多投票机会的最大单一公民群体，如果新的执政多数派能够施行维生工资、工会保护、全民医疗保健以及绝大多数美国人呼唤的其他政策，他们也会是最大的受益群体。

无论贫穷白人是否投票给支持这些政策的政治家，他们都会从民主的扩张中受益，因为更多的民主必然会带来更多的进步政策。第一次和第二次重建时期都是如此。斯坦福大学的加文·赖特用民权运动后南方的经验证据证实了这一观点，而那些仍旧相信陈腐种族分裂迷思的人却经常对此提出异议。他们说，黑人若赢，则白人必输。正如我们之前提到的，从内战后导致私刑的故事到学校里黑人和白人孩子坐在一起引发的歇斯底里，对黑人夺取政治权力的恐惧一直是那些古老迷思的主要驱动力。每当黑人在美国民主中获得一定权力时，那些古老的迷思就会告诉白人，这会对他们的财产价值、他们的"血汗"钱或他们的生活方式构成严重的威胁。

但赖特发现，数据并不能证明这一点。1965年《投票权法案》颁布后，南方黑人的收入中位数稳步增长。不过，白人的工资水平虽然本来就较高，但也在以相同的速度增长。当投票障碍被消除时，人们就会选出能够实施良政并为所有人谋福利的领导人。反之亦然，当选举权遭到压制时，支持倒退政策的人就会当选。

正如我们在联邦法院的举证，穷人在投票箱前遭噤声与投票法律的变化有着非常直接的关系。此外，这种受压制的现象也是穷人被孤立的一种副产品。艾米·梅丽莎·威德斯特罗姆在其于雪城大学完成的博士论文中，分析了过去半个世纪美国社区的社会经济变化数据，并将这些信息与特定社区的投票率数据进行了比较。她发现，即使不考虑投票法律的变化，穷人的集中程度越高，越是和其他阶层隔离，他们在地方和全国选举中的参与度就越低。"经济隔离日益加剧，政治参与和动员日渐趋弱，这些尚未得到充分研究的复杂动态显示，当下的政治行为和公共政策或许已经进入了一个恶性循环模式，"她写道，"而这可能会严重削弱低收入美国人对当选代表的问责能力和对政策议程的塑造能力。"通过对数据的研究，威德斯特罗姆同样发现了那些全国各地的穷人向我吐露的真相：不仅我们的国家在饱受贫困的困扰，我们的民主制度本身也在日益"贫困化"。

白人的贫困之痛告诉我们，让受害者噤声的做法实际上有损我们所有人的社会健康。我基于个人经历认识到，那些古老迷思正是通过忽略白人贫困这一事实，掩盖了美国社会中的极端不平等现象。起初，当我要求帮助我们开展"穷人运动"的研究人员按种族细分美国贫困人口数量时，他们都犹豫了。他们中的许多人都是非常有良心的白人自由主义者，他们总是会非常严肃地强调贫困对黑人、拉丁裔、亚裔和原住民社区的不成比例的影响。"如果我们把这些数字分解开来，"其中一位对我说，"你就会发现，美国最大的贫穷和低收入群体其实是白人。"

"这正是关键所在。"我说。那些古老的迷思非常狡猾，它们能够把我们所有人都困在陷阱之中。确实，制定那些明知道会对黑人群体造成伤害的政策是种族主义行为。同时，忽视这些政策对贫困白人群体造成的伤害也是种族主义的表现。因为种族主义迷思的目标就是要使黑人和白人保持隔离，这样他们就无法通过联合的方式改变一个只服务于少数人的体制。如果我们要反对种族主义，并为所有人重建一个更好的美国，我们不能忽视这个现实。我们要正视白人的贫困之痛，就必须面对这些业已浮现的事实，并密切关注维生工资、工会权利和投票权等议题之间的联系。

第八章

穷人是新摇摆选民

我和美国的贫困白人群体相处了很长时间，知道问题不在于这些人本身。每当有人问"这是个种族问题还是个阶级问题"时，我的回答都是，"两者兼而有之"。

当我前往肯塔基州东部的山谷或堪萨斯州的小镇时，我从不回避谈论种族问题。我是一个黑人，知道种族主义是美国的原罪。

"但老谈论奴隶制和'吉姆·克劳'这些问题，会不会导致我们过于陷入旧有的分裂而无法自拔？"有人问。

"除非我们误解了过去。"我回答道。

是的，美国的历史充斥着贬低黑人并让我们的白人邻居与我们为敌的暴力。然而，当我们回顾那些成功挑战奴隶制和"吉姆·克劳运动"的真实历史时，我们会发现，它们本质上都属于由多种族共同参与的融合运动。这就是为什么我们不能忽视种族问题。正如米切尔县的人们选择向全国有色人种协进会学习，贝尔黑文的社区效仿玛米·蒂尔挑战其社区中的非必要死亡暴力，今天美国的贫穷白人也可以从长期的种族正义斗争中吸取经验和教训。道德融合意味着我们要始终理解种族在公共生活中所扮演的角色。

然而，在关注种族问题的同时我也会坚持进行阶级分析，以帮助人们理解当我们彼此对立时，所有的穷人都会遭受怎样的苦难。

"但当你把注意力集中到贫穷黑人和贫穷白人共同的阶级斗争时，"其他人问道，"你是不是也淡化了黑人在白人至上主义社会中所经受的那些特殊痛苦？"

"只有当我们让苦难来定义我们是谁时，情况才会如此。"我回答道。

不同种族的人群往往会遭受不同形式的苦难，所以，我们绝不能仅因为不公正的形式差异就轻视其他种族所经历的苦痛。没有人能在一场试图证明自己比别人更痛苦的比赛中获胜。如果我们诚实，我们就必须承认，不公正的形式或有不同，但它们会产生一个相同的影响，那就是会扼杀我们的梦想和各种可能性。唯有墓地才能够产生平等的效应，因为那里是这个世界上所有罪恶受害者的最终归宿。

在《圣经》中，上帝令先知以西结警告民众："其中的先知同谋背叛，如咆哮的狮子抓撕掠物。"以西结时代的政治领导人更关心权力，而不是被他们的政策暴力压垮的人民。当时的社会现状已经清楚地表明了这一点，但上帝仍召唤以西结，要求他阐明形势的严重性。因此，先知以自然界为喻，先是将政治领导人比作咆哮的狮子，后来又比作贪婪的狼。他们"杀人流血，伤害人命，要得不义之财"，以西结直言不讳地说。他还指出，宗教已被扭曲，以用作支持这种极端主义。"其中的先知为百姓用未泡透的灰抹墙……说'主耶和华如此说'，其实耶和华没有说。"

当权贵与失德的领导人相互勾结并为政策暴力辩护时，民众就会成为暴力的牺牲品。这正是白人的贫困之痛所揭示的现实，也是《圣经》之中古代先知见到的场景。在《圣经》中，上帝把以西结带到了一个枯骨山谷——一个连死者都未得到体面埋葬的墓地。以西结通过一个引人注目的异象，敦促我们必须正视经济体系正在扼杀民众的现实：那些早已经被野兽啃食过的骨头，因沙漠烈日的暴晒而变得异常苍白。

然而，在先知面对枯骨之地的这一戏剧性场景中，上帝却揭示，即使在面对非必要的死亡时，这世界也存在着希望的可能性。先知在布道时看到，那些骨头都站了起来并重新汇聚，通过新的筋肉连接成新的身体。在以西结的眼前，上帝从那些被弃绝和被吞灭的人的骸骨中复活了一支军队。白人的贫困之痛不仅让我们看到了伤害我们的政策之间的联系，如果我们用以西结的先知眼光来面对白人贫困，我们还能从中认识到穷人群体的潜在力量。尽管受到压迫和排斥，但他们是新的摇摆选民，他们可以团结起来，成为重建民主的最大潜在联盟。

在聆听过莱金、斯坦利和发起"周二塔可饼"活动的女性们的故事之后，我也从以西结的枯骨异象中得到了一个启示：我们不应该急于为那些在世界最富有国家中遭受贫困暴力蹂躏的白人谱写挽歌。是的，有些政客在挥舞着死者的血衣为反动极端主义招魂呐喊。有些所谓的"文化保守派"则在利用对往昔的理想化粉饰来推广其政治主张。有些政策确实在压垮贫穷白人，导致他们的社区日渐荒凉困顿。然而，这些社区中仍然保存着力量。如果他们能够与其他穷人团结起来，他们就能够形成一支强大的非暴力力量，他们可以通过投票的方式建立起一个能够让全民受益的经济体系。

是的，贫穷白人被一个假装给予其特权的制度抛弃，任其自生自灭。但他们不需要一个英雄来为他们谱写挽歌。自古以来，挽歌就是公众人物通过缅怀那些无法为自己发声者来唤起大众情绪的一种方式。当然，古代诗人不只写挽歌，若要激发公众对美好生活的无限憧憬，他们则会用到另外一种艺术形式，那就是狂想曲。狂想曲是指那些能够唤起民众情感的史诗或歌曲，只不过它所唤起的不是想要回到过去的惆怅，而是建立美好未来的共同愿望。以我所见，美国现在需要的是一首"乡民狂想曲"。我们要用这样的一首狂想曲来激励贫穷白人群体，以使他们能够拒绝陈腐的分裂迷思，与他们一直敌视的其他群体携手合作，共同重建美国。我感觉到这才是美国贫穷白人真正想要唱响的乐曲，这也是我们必须学习并与之共唱的旋律。如果我们不这样做，他们就会很容易受到民粹主义者的攻击。这些民粹主义者一边假装维护他们的利益，一边却从他们的痛苦中获利。

以俄亥俄州联邦参议员 J. D. 万斯为例。2016 年，他的回忆录《乡下人的悲歌》成为畅销书，同时也引发了美国读者对白人贫困以及"让美国再次伟大"运动的讨论。万斯在书中写道，阿巴拉契亚乡村的贫困和他的家庭迁徙到俄亥俄州"铁锈地带"的经历都对他的人生产生了极为深刻的影响。尽管从许多方面来说万斯都实现了"美国梦",比如服兵役和就读耶鲁大学法学院,但他在书中仍然坦诚地分享了压在他和家人身上的那股"死亡力量",讲述了他深爱的外祖父母之间的暴力关系对其家族数代人造成的持久负面影响。

"我很想向你们讲述我的外祖父母是如何在新环境中如鱼得水,如何建立了一个成功的家庭,以及如何作为中产阶级舒适地退休的。"他坦言道。但这并非全部的真相。完整的真相是,他们的新生活也同样充满艰辛,而且几十年来始终如一。我的外祖父母确实走出了肯塔基州,但面对生活中的挣扎,他们和他们的孩子切身体会到,23号公路①并没有通往他们希望的地方。

万斯的故事听起来似曾相识。在北卡罗来纳州的山区、肯塔基州的丘陵地带,以及华盛顿州乡村的无家可归者营地,很多人都给我讲述过类似的人生故事。在北卡罗来纳州希科里附近的树林中,一位牙齿都掉光了的白人妇女清扫了她帐篷外的尘土,以欢迎我和一小群来访者。她告诉我们,她这辈子都没有离开过自己居住的镇子,但随着镇上家具厂的搬离,整个地方经济也崩溃了。她想尽办法寻求帮助,干过所有能干的活,但结果呢,现在她和一群无家可归的朋友住在这片树林里。她告诉我,她不知道自己能坚持多久,但她请求我分享她的故事,因为她害怕自己以后没有机会再对别人讲起这些事。在美国的枯骨之地,她仍怀抱

---

① 美国的23号公路途经肯塔基州多个县,一直延伸至俄亥俄州,在20世纪50年代,许多来自阿巴拉契亚地带的贫穷乡下人,经由23号公路迁往其他城市寻找开始新生活的机会。——编者注

第八章 穷人是新摇摆选民　　145

着希望，她期待有一天，一场兴起的运动能够彻底改变这个让她备感失望的体制。

为这个国家的白人贫困谱写挽歌固然会给人一种崇高感，但其中也潜藏着危险。毕竟，如果人死了，他们就不能再为自己发声了，当然也不能通过投票去表达自己的意见了。

尽管万斯在 2016 年竞选期间称自己是"反特朗普"的保守派，[1]88 并承认在工厂撤离、工会工作岗位消失后，俄亥俄州钢铁城镇的生活变得更加艰难，但他写作《乡下人的悲歌》的目的，并不是找出办法以改变那些加剧贫困并导致许多美国人非必要死亡的政策。相反，他在继续重复那些古老的迷思，并大谈所谓的"贫困文化"中的品格丧失和价值观削弱。万斯表示，他希望他的书能够反映出"产业经济出现衰退时人们的真实生活会出现何种变化，以及在面对糟糕的环境时，人们的反应能够糟糕到何种程度"。万斯为外祖父母所作的一曲颂歌固然感人至深，令人动情，但其最终目的，也不过是以缅怀故人的方式来为自身争取政治上的支持。

在我作为牧师所主持的葬礼上，我听过数百篇悼词，我可以告诉你：人们讲述关于亡者的故事，目的从来都不仅仅是悼念亡者。他们总是在利用这些讲述来宣扬他们看重的价值观以及对某个群体的未来期许。在选举季，挽歌则往往是一种向选民发出召唤以吸引其支持的方式。

2022 年秋天，万斯参与竞逐俄亥俄州的联邦参议员席位。

---

[1] 在 2024 年的美国总统大选中，特朗普提名万斯为副总统候选人，二人成为竞选搭档，并在后续的选举中获胜。——编者注

在通过了残酷的春季共和党初选之后，万斯赢得了特朗普的支持，他将作为共和党的候选人，竞选共和党参议员罗伯·波特曼离任后所空出的参议院席位。在经过一个夏天的低调活动之后，万斯现在开始在俄亥俄州的各个小镇举行集会，并一路讲述他与外祖父母一起生活的故事。在一段竞选视频中，他一边卷起衬衫袖子走在家乡的街道上，一边指责其政治对手不关心俄亥俄州街道的安全，与此同时，屏幕上还出现了他外祖母的照片。万斯运用"南方战略"的那些隐晦老把戏，向白人选民发出了自己的召唤。

伴随着"穷人运动"的步伐，我前往俄亥俄州的克利夫兰，走在万斯声称对孩子们来说太过于危险的城市街道上。"有人一直在窃取我们的医疗保健，"游行人群唱道，"这已经持续了太久时间。"黑人、白人和棕色皮肤的穷人一同涌入了位于市中心稍东的三一大教堂圣公会教堂，他们齐声高唱着，那渴望的声音不仅充斥着这座拥有哥特式拱顶的教堂，回响在四壁上，更在我的身体里不停激荡。他们决心唱出一首关于美国可能性的全新乐曲。

泰瑞是一位留着整齐刘海、长着方下巴的白人女性，在面向人群做自我介绍时，她说自己从没有受过良好的学校教育，后来因为生活所迫，她只得自学成才。她一生都生活在肯塔基州的山区，那里正是万斯的外祖父母为了去俄亥俄州工作而远离的地方。泰瑞了解乡下人文化，但她拒绝按照那些外人的视角来看待自己的社区和文化，因为那些人只不过是想利用和驯化他们。当她的孩子们不得不绕开沥青道路上的煤渣前往校车停靠站时，泰瑞打电话给煤矿公司，要求他们清理他们留下的垃圾。电话那头的员工建议她应该习惯这种情况，因为这是一个"煤矿社区"，但泰瑞坚决不屈服。

"我不是住在一个煤矿社区。"她告诉他们。"这里又不是到处都是煤矿，能让你随手捡到一堆煤球。我只是住在一个受煤炭开采影响的山地社区。"泰瑞纠正道。她不会让那些唯利是图的企业重新定义她和她的住处。

数十年来，泰瑞一直坚持与煤矿公司抗争，并因此赢得了国内外环保组织颁发的一系列奖项。但在2022年的那个晚上，来到克利夫兰的她却对那群赞扬她的人提出了要求，她敦促他们不仅要关心环境，还要加入"穷人运动"，致力于反抗所有影响美国穷人的不公。当泰瑞发出她的呼吁时，从克利夫兰街头赶来的人们站了起来，与牧师、工人、退伍军人和居者有其屋运动的倡导者们齐声发出欢呼。看着聚集在教堂里的这些来自城市贫民区和山沟里的贫苦人民，泰瑞说："我一直在想着：'我们到底如何才能把大家团结在一起？'"

泰瑞知道，要想赢得斗争并重建一个为所有人服务的新美国，我们就必须开展一场她所强调的那种团结性运动。是的，像万斯这样的政客的确可以通过作一曲怀旧的挽歌和隐晦地唤起种族恐惧来成功赢得一些白人选民，但也疏远了很多像泰瑞这样的贫穷白人，因为这些人明白，他们的政治领导人根本没有真正在为他们服务。

每当我遇到像泰瑞这样的人，我都有一种和家人重逢的感觉。道德融合早已深入我的基因，所以每当我听到有人唱起融合之歌时，即使是陌生的曲调，我也总能跟着一起唱和。在我所到的每一个阿巴拉契亚社区中，我都能遇到那些富有"山地民众主义"

精神的群体。当我们在科尔宾时，也就是在我遇见莱金的同一天，一支蓝草乐队来到教堂演奏了一首名为《圆圈是否永不破裂？》的歌曲。我一边踩着节拍跟着唱和，一边思索：如果说歌曲里的那句"在天上，主啊，在天上"充分展现了对永恒生命的深切追求，那么现实中的人们则在渴望那些枯骨能够被唤醒，重新团结成一支强大的非暴力力量，发起一场能够对抗各种不公正制度的运动。这两者之间必定存在着某种深刻的联系。

即使在地方音乐中，融合也是山地文化的一部分。经过蓝草音乐演奏者的世代传承，那些来自苏格兰和爱尔兰的民歌逐渐在肯塔基州、弗吉尼亚州、西弗吉尼亚州、田纳西州和北卡罗来纳州的山谷中流传开来。但在阿巴拉契亚山区的每一次即兴演奏会中，我们也总能看到班卓琴的身影。这是一种被非洲奴隶带到美国南方的乐器。那些古老的迷思有着强大的影响力，我们很容易被其困扰，但当我们仔细聆听美国的这些传统音乐时，就会发现融合其实一直就在我们身旁。

每次听到有人唱起山地的狂想曲，我的灵魂都有焕然一新的感觉。泰瑞是我的姐妹，我的信仰告诉我，我们共同梦想中的那个美国一定会变成现实。不过，我们不可能仅凭个人意愿就实现社会整体的变革。我们在克利夫兰的那座教堂里见证了泰瑞的道德融合梦想，但万斯仍然赢得了参议院席位。尽管将我们联系在一起的每一种关系都必不可少，但改变一个社会需要的不仅仅是个人之间的亲密关系。改变需要通过运动来实现。如果没有制定更好的政策的力量，我们就不可能成为一个更好的国家。所有种族、地区和宗教的穷人都必须从他们的枯骨之地站起来，去集会，去游行，去抗议，去投票，去为自己和家人争取更好的机会。每一次推动美国向更高处迈进的道德融合运动，都需要通过动员和组织力量来实现其诉求和目标。

我们不仅需要唱出一首更动人的歌曲，讲出一个关于我们是谁以及我们这个国家应该走向何方的新故事，我们还需要制订一个取胜的计划。通过以西结的视角，我找到了我们的道路，那就是通过动员贫穷选民构建一支非暴力力量来赢得胜利。

从全国范围看，2018年中期选举的选民投票率比上一次中期选举增加了约10%，这一增幅远高于奥巴马在2008年总统选举中所创下的投票率增长纪录。促使投票率激增的因素有很多，但我们从"穷人运动"遍布美国各州的基层组织那里了解到，低收入选民数量的增加对2018年"蓝色浪潮"的产生起到了非常重要的作用。这股"蓝色浪潮"使得民主党重获对美国众议院的控制权，并遏制了特朗普利用白宫来维护精英利益并破坏各项民众普惠政策的做法。我们的运动虽然没有任何党派倾向，但在我们与大量的穷人进行交流后，我们知道，如果他们去投票，他们就绝对不会支持维持现状。投票结果证明，他们确实说到做到。当我们组织大众发起一场运动时，我们不仅仅是邀请人们去讲述他们的故事和游行。我们还会邀请他们加入投票运动，并为贫困人群提供与家人和邻居讨论选举相关问题的渠道。我们知道这是一项制胜策略，只要我们能扩大这种组织形式，它就一定会取得成功。

对于那些将"让美国再次伟大"运动的兴起归因于反动"民粹主义"的权威人士和政治观察家而言，这一策略是非常反直觉的。即使是特朗普在任的4年间，大型竞选集会也几乎没有中断过，记者们仍在跟踪报道这些活动，他们通过发布大量的视频，充分展示了"让美国再次伟大"狂热分子的极端主义倾向。从各种信息来源看，参与这类集会者绝大多数是白人。然而，这些人根本无法代表大多数的贫穷投票者。在2016年的大选中，特朗普在所有收入超过5万美元的群体中都以1~4个百分点的优势获胜，但在所有收入低于5万美元的群体中，他都以超过9个百分点的劣势落败。我知道，民意调查人员口中所谓的"未接受过大学教育的白人选民"，绝不是指像泰瑞这种整天盯着那些煤矿公司和无良政客的人。他们所谈论的选民往往是指那些小企业主或退休人员，这些人都有一个共同点，那就是相信只要税收保持在低水平并且401（k）养老金账户能够不断增值，每个人最终都会过上更好的生活。

数据清楚地表明，穷人并不是美国政治极端主义的推动者，也不是那位以为企业和富人减税为头等政绩的总统的真正政治基础。事实上，我们现在开始认为，穷人才是阻止这些疯狂行为的关键。那些难以捉摸的"独立摇摆选民"并不能拯救美国民主。我们需要通过一场运动来动员那些因对整个制度彻底失望而不去投票的人。穷人才是可以左右选举结果的关键选民。

很久以前我就明白，如果你想理直气壮，那你就得确保自己不要犯错。所以我们在组织运动时做了很多的功课。我们请了一些了解低投票倾向选民数据的学者来计算相关数据，并告诉我们这些数据可能带来的影响。在一份题为《释放贫穷和低收入美国人的力量》的报告中，哥伦比亚大学的罗伯·哈特利指出，在过去 36 年中，低收入选民的投票率始终比高收入选民低 20 个百分点。根据他的估计，这些障碍加上一系列的选民压制措施，共同导致了 3400 万贫穷美国人未能在 2016 年投票。

如果穷人的投票水平能够与高收入人群相仿，他们投票的力量将不仅能够让特朗普在"铁锈地带"赢得的摇摆州翻盘。根据哈特利的分析，他们还可以通过在北卡罗来纳州、佐治亚州、佛罗里达州、密西西比州、得克萨斯州和亚利桑那州实现翻盘，颠覆共和党几十年来一直倚仗的"南方基本盘"。而要实现这个目标，关键就是要发起一场运动，以说服政治候选人直接与这些潜在选民对话，提出能够改善大多数美国人命运的办法。穷人不是美国民主中面临的问题。他们是沉睡的巨人，一旦被唤醒，将能够决定这个国家的未来。

但是为什么许多穷人不去投票呢？调查显示，所有收入阶层的合格未投票者都选择了两个相同的主要理由：他们觉得候选人不能代表他们，或者他们认为自己的投票不会产生任何影响。对穷人来说，他们不觉得那些连"贫穷"这个词都不愿意提及的候选人会为他们的利益代言，这并不令人感到意外。共和党人试图通过宣称代表他们的价值观来拉拢他们，民主党人则有时称他们为"渴望成为中产阶级"的人。但是你不能仅靠价值观和渴望来喂饱饥饿的孩子。如果你需要打两份工来维持生计，而且你从不知道自己在 11 月的第二个星期二的日程安排，去为一个毫不关心你境况的人投票就不会成为你的优先考虑事项。

一场运动可以改变候选人的言辞语调以及他们所承诺推行的政治议程。如果由穷人领导的道德融合运动能够在今天的美国蔚然成风，那么依据对数据的测算，我们将有足够的能量来改变政治格局。单就一场运动而言，我们知道我们并非无所不能，但我们希望检验一下这种组织策略。于是在 2019 年的一场重要选举中，我们便把注意力转到了如何动员这些新选民群体上。

当时，肯塔基州州长马特·贝文是一位不受欢迎的在任者，他推行的紧缩措施损害了肯塔基州各阶层低收入者的利益。尽管如此，他还是得到了总统特朗普的支持，后者在三年前还以 30 个百分点的优势赢得了肯塔基州。肯塔基州"穷人运动"形成了一个团体联盟，他们进入全州的穷人社区，培训各种族的民众与其他穷人群体讨论选举中的各种利害关系。来自列克星敦和路易斯维尔的贫穷黑人居民与来自阿巴拉契亚的贫穷白人煤矿工人联合了起来，在自己的社区挨家挨户拜访游说。他们在社区中心和自己家中举办活动；他们给那些政治运动从未触及的人发短信和打电话，因为他们最近都没有参与过投票，甚至可能没有做选民登记。他们没有谈论候选人或政党，而是谈到要通过一场运动来为穷人争取权力，他们希望利用运动来推动有利于全体人民的政策，并为拥护这些政策的候选人投票。他们说，结束政策性谋杀的暴力不是一个左或右的问题。这是肯塔基州的一个道德问题。

贝文州长继续使用基督教民族主义的修辞，把他的亲企业政策贴上了"亲生命"的价值观标签，但肯塔基人却不断地强调，医疗保健、维生工资和投票权才是与他们息息相关的道德问题。特朗普前往列克星敦，为贝文站台助选。"如果你输掉选举，"他对州长说，"那就会传递一个非常糟糕的信息。你不能让这种事发生在我身上。"

选举之夜，贝文在结果公布之际显得忧心忡忡，显然竞争比大多数人想象的都要激烈。他的民主党对手安迪·贝希尔赞同我们的运动针对贫穷人群所提出的政策，也采纳了我们的部分道德语言。各县的投票结果逐渐出炉，很明显，贝希尔获得了肯塔基州大城市选民的广泛支持，这些地方向来都是民主党的票仓。随着夜幕降临，问题变成了贝希尔的这些支持基础是否能超过贝文在乡村县的支持基础。最终结果显示，在总体投票率比4年前高出近14个百分点的情况下，贝希尔的总得票数比贝文多出了5100张，成功逆袭。他向一群来自各行各业的肯塔基州民众发表了胜选演讲。虽然早已过了睡觉时间，但贝希尔的孩子们仍坚持站在他的身边，以见证一个历史性时刻的到来：一群新的选民已经开始觉醒，他们不仅成功帮助贝希尔赢得了选举，更助推了那些有利于全州民众政策的落实。

贝希尔在感谢支持者的同时宣布，肯塔基州的人民已经证明，"选举不一定总是左右之争，它们还是正确与错误的较量"。那些被全州穷人所信仰的理念和诉求，如今终于在新州长的胜选演说中得到了反映。

在肯塔基州典型的民主党大本营费耶特县和杰斐逊县，选民的投票率激增了17%，与此同时，肯顿县、斯科特县、坎贝尔县和沃伦县的选民投票率也都增加了15~17个百分点，这种激变翻转了该州长期被认为是"红区"的印象，成为民主党人贝希尔最终胜选的关键。即使在贝文获胜的乡村县，新选民也减少了胜出的票数，为贝希尔的胜选提供了助力。这些本该是贝文票仓的山村地区，现在却成了贫穷白人在前廊上畅谈新的可能性、唱响道德融合新歌的地方。这里正是麦科伊家族所说的"他们一直在挑拨我们互相对立"的地方。这里正是我的姐妹泰瑞在与煤矿公司进行斗争时开始思考"如果我们能把所有这些人团结起来，会发生什么？"的地方。在肯塔基州的山谷中，那些"枯骨"正在咯咯作响。

贝希尔之所以能够击败贝文，不仅是因为城市中"蓝县"的投票率上升，也因为低收入白人选民的投票率上升改变了所谓"红县"的格局。在这场以5100票决定胜负的竞选中，如果没有乡村、白人占多数的县的投票率上升，贝希尔绝不可能获胜。我们不可能在一个选举周期内赢得所有的选举，但2019年肯塔基州的胜利表明，我们在阿巴拉契亚山脉听到的乡民狂想曲不仅仅是一首鼓舞人心的歌曲；它也可能成为一场旨在改变整个国家的运动的象征。我们需要投资扩大这种道德融合组织模式，以打造一个能够影响选举结果的"穷人运动"。

2020年联邦总统大选为"穷人运动"提供了一个机会，让我们得以将肯塔基州的经验推广到全国。如果穷人能够打破古老迷思的谎言，团结起来唤醒新的选民，他们就有能力决定总统的选举结果。但要想让我们成千上万的运动组织者和动员者能够唤醒他们身边数以百万计的民众，我们就必须迫使总统候选人直接与穷人和低薪劳动者对话，回应他们的诉求。我们必须让他们解决那些威胁穷人生活的问题。

在初选期间，我向每一位总统候选人发出了邀请，希望他们能够参加我在教堂举行的穷人论坛。那是一栋有着A形屋顶的砖砌建筑，坐落在一条双车道公路的旁边，对面是一家折扣商店。

这个社区的大多数儿童都符合享受免费或减价午餐的条件。这不是竞选活动，而是在我们教会定期礼拜之后举行的社区论坛。我们不想听候选人的竞选演说。我们希望他们倾听穷人分享对自己和社区产生直接影响的问题。我们也希望候选人介绍一下，他们计划如何解决像我们这类社区所面临的维生工资、医疗保健、选民压制以及生态破坏等问题。

有几位候选人同意了我们的邀请，我们则震惊于前来参加论坛的观众人数之多，甚至不得不在折扣商店后面的社区中心新开辟出一块可以容纳更多观众的空间。他们迫切地想知道这些候选人到底会如何回应他们所关心的问题。我们通过广播将这些对话内容传递给了在全国范围内加入"穷人运动"的群众，我们还邀请那些承诺参与投票运动的普通民众在他们的家中或社区组织观看活动。当联邦参议员伯尼·桑德斯来访时，听众在圣灰星期三（基督教大斋首日）礼拜后逗留了近一个半小时，他们显然因为这种政治家与贫困人群之间的互动而感到兴奋。

当晚论坛结束后，桑德斯告诉我，他在这 90 分钟里所谈论的与美国人日常生活息息相关的事情，比他在所有电视初选辩论中加起来的还要多。

"好吧，如果是这样的话，"我说，"那我们就有麻烦了，因为这些才是我们应该讨论的问题。"

我突然意识到，竞选国家最高职位的候选人面临着与历史上道德融合运动相似的叙事问题。我们的政治选举机制往往促使候选人更关注那些能够引发激烈辩论和对抗的议题，却忽略了我们这个时代的各种紧迫问题。当有机会谈论贫困、低工资、医疗保健和投票权等相互交织、使我们的民主制度陷入困境的问题时，他们确实有话要说。贫穷人群则迫切想听听他们到底会说些什么。

2019年12月，时任印第安纳州南本德市市长皮特·布蒂吉格在周日上午的礼拜仪式后参加了一个类似的论坛，他直接谈到了美国政治中对贫困问题的沉默。"牧师，我可能不应该说这个。在这里分享这件事可能会惹上麻烦。但我们之所以不谈论贫困，是因为顾问告诉我们不要这么做。"

我很欣赏他的坦诚。这让我明白，在这个国家中，那些想要团结崛起并诵唱新歌的"枯骨"不仅仅是在与文化战争的各种干扰和分裂做斗争。在改变美国政治道德叙事的斗争中，我们还需要与一个价值亿万美元的行业进行对抗，而民主党人之所以不愿意直接与穷人交谈，在很大程度上是因为听取了这一行业的建言。尽管如此，面对穷人和低薪劳动者通过运动提出的直接对话要求，有些候选人还是不顾建言做出了回应。我们的人民并没有因为"贫穷"这个词而感到厌烦。当看到那些天天上电视的人终于站在他们眼前并直接对他们讲话时，他们其实都很激动。

2020年3月，当新冠疫情导致线下聚会被迫中断时，我们知道必须找到继续推动候选人解决贫困问题的办法。参与我们运动的那些穷人一辈子都被称为"低薪劳动者"，现在他们却有了一个新头衔："必要劳动者"。因为尽管他们和家人同样也面临着致命病毒的威胁，但为了维系社会的运转，这些人仍需要每天乘坐公共交通去上班、送杂货、照顾养老院的病人、在配送中心处理邮件。在家隔离的邻居们每天晚上都会走到门廊上敲响铃铛，以向那些维持着他们生存却连维生工资都拿不到的劳动者表示感谢。尽管如此，我们的政府并没有保障我们称之为"必要"的这些人获得他们生存所必需的东西。"他们称我们为'必要劳动者'，"一位在养老院担任助理的女士对我说，"但我觉得自己其实可有可无。"她缺乏的不只是工作中所需的个人安全防护装备。如果被病毒感染，并且因为隔离而缺勤14天，她都不知道怎么能有钱支付自己的生活账单。

几个月后，当数据公布时，我们才知道，在疫情最严重的时候，低收入美国人的死亡率是富裕阶层的5倍。一项研究发现，多达33万美国人不是直接死于其所患的疾病，而是因为他们无法获得生存所需的医疗保健。贫穷人群不需要等待数据出来才了解这一点。我们在密西西比州的一名运动参与者告诉我，她在方圆30英里的范围内失去了20个家庭成员。作为一名牧师，我知道她必须找到一个能够释放哀伤情绪的空间。

"如果你需要休息一段时间，请尽管告诉我，"我在电话里告诉她，"其他人可以暂时接替你的工作。"

但她说她不能停下来。"这场运动是我唯一剩下的家人。"动员贫穷人群参与一场重建民主的运动，已经变成了让她继续活下去的最大动力。

为何美国在应对疫情方面如此脆弱无力？这不仅仅是那些和我们一起负责动员新选民的穷人和低薪劳动者的困惑。随着2020年大选的临近，公共卫生官员也在尽力解释为什么美国的新冠死亡率会远高于其他具有同等资源和疫苗接种机会的国家。民主党指责特朗普和其他共和党人没有听从公共卫生官员的建议。研究人员还指出了系统性种族主义在医疗保健差距中所扮演的关键角色。但仅靠种族和党派政治无法解释这种差距。在全世界富裕国家中，美国之所以尤其脆弱，是因为美国的贫困人口所占比例远远超过其他国家。贫穷选民比任何人都更清楚这次选举的重大利害关系。

接着，在2020年夏天，一直在努力避免患上这种致命呼吸道疾病的美国人观看了一名17岁少年的视频。视频中，乔治·弗洛伊德在哭喊着"我无法呼吸"，而明尼阿波利斯市的警察德里克·肖万正在用膝盖狠狠地抵住他的脖子。这一事件触动了大众共同的神经，激发了对民主的集体渴望。人们走上街头，高呼着"黑人的命也是命"的口号，发起了一场争取正义的大游行。后来这次游行演变为美国历史上规模最大的一次群众性示威活动。一支非暴力的强大力量就此崛起，发出了震动整个国家的哀号。

在我们持续动员穷人选民参与道德融合运动的同时，我注意到，虽然弗洛伊德是黑人，令他窒息而死的警察是白人，但全国各地游行的人群却与我们共同历史上的任何融合联盟一样，有着非常多样化的人员组成。他们高呼的"我无法呼吸"口号，不仅是对种族主义警察制度的抗议，也是那些目睹了身边各类非必要死亡的人为生命所发出的呼喊。是的，弗洛伊德是个黑人，但他也是一名低薪劳动者，为了寻找更好的工作才搬到了明尼阿波利斯市。以他的名义兴起的运动仿佛是一种集体的颂唱，与我在阿巴拉契亚所听到的狂想曲交相呼应。所有这些共唱同一首歌曲的人都是我们重建民主所需联盟的潜在成员。

2020年6月，我去了华盛顿特区的国家大教堂，做了一场题为《美国，你不应该再容忍死亡》的布道。我化用了《圣经》中的先知阿摩司的一段经文作为我的讲道文本："走上街头，大声哀号！让商场和店铺里充满末日的呼喊！大声哭嚎：'不是我！不是我们，现在不是！'走出办公室、商店、工厂、工作场所。让每个人都加入这场共同的哀号之中。"

《圣经》中的古代先知呼吁采取直接行动，而事实上，这也是现实中正在发生的事情——人民走上街头，为成千上万的死难者发出集体的哀号。我们不仅仅是在哀悼乔治·弗洛伊德的遇害或新冠所造成的无数非必要死亡。正如我在布道时所说，我们共同哀叹的，是这个国家对非必要死亡的麻木和习以为常。我们的历史中曾长期存在着种族灭绝、强制流亡、奴役和私刑等暴力行为，然而，作为这些历史的继承者，作为一个整体，我们却从未对这些已经成为我们共同生活基础的暴力行为表示过丝毫忏悔。相反，我们早已习惯于一个通过让某些人提前死亡来保持经济运转的体制。

长期以来，我们中的许多人都相信一个古老的迷思，即非必要死亡只会发生在"那些人"身上。他们将这些死亡归咎于他们的贫困经济状况，他们的种族，他们所生活的"高犯罪率社区"或他们的移民身份。但新冠疫情就像一种造影剂，它让我们认识到，原来贫困已经在我们的社会中蔓延得如此之深广，而且有如此多的人，无论种族或信仰，都在深受贫困之害。这就是为什么当新冠病毒压垮了我们的医疗保健系统的应急反应能力时，我们所有人都会突然变得如此脆弱。

我们现在可以看到，我们对非必要死亡的麻木不仁，已经威胁到了每一个美国人的生命。

在《圣经》中，先知阿摩司承诺，如果我们共同发出哀号，上帝就会从天上听到我们的悲叹，并采取行动伸张正义。我说，我们的责任是说出真相，承认我们在过往和当下的各种错误——正是这些错误造就的公共政策导致了美国的死亡数字如此之高。在一次全国性的街头反抗行动中，我布道说，道德融合运动必须坚持不再接受非必要死亡。为了建立一个让每个人都能获得充分发展的经济体系，我们必须团结起来，共同投票。

在接下来的那个周六，即2020年6月18日，"穷人运动"举行了我们的全国大会和华盛顿特区道德大游行。我们已经为此筹备了超过一年的时间，但由于在早春时节，政府为了应对新冠蔓延发布了禁止举行大型公共集会活动的紧急命令，我于是召集筹备委员会商议对策，并表示我们将不得不推迟这一活动。

"我们不能再拖了，"他们说，"没错，新冠病毒正在夺去人们的生命，但致命的贫困更是困扰我们已久。我们必须想出个解决办法。"

我不知道该怎么做，但在那次会议上，我们决心一定要找到解决办法。这让我想起《圣经》中上帝第一次向以西结展示枯骨之地时问他的问题："这些骸骨能复活吗？"

以西结回答说："你是知道的。"我不确定在公共卫生紧急状态下，我们如何才能为美国的"枯骨"建立一个平台，并使之联结起来。但我知道，我们只有勇往直前才能找到出路。如果我们想要建立一个能够为穷人和劳动者赢得胜利的联盟，我们必须找到让穷人的声音被听到的途径。

我们认真对待《圣经》中先知让我们"让每个人都参与哀号"的召唤。黑人、原住民、亚裔和拉丁裔兄弟姐妹需要一五一十地讲出种族主义和贫困对他们亲人的戕害和对他们社区的影响。来自阿巴拉契亚地区、美国中西部、纽约州北部和旧金山田德隆区的贫穷白人也深受政策暴力和非必要死亡之痛,他们也要说出真相。我们与一家制片公司合作制订了一项计划,以让数十人能够通过录制和发布视频的方式分享他们社区的故事。当美国人仍在居家隔离之时,我们与非营利媒体机构 C-SPAN 以及数百个全国和基层合作伙伴的社交媒体账户合作,将我们的虚拟集会带到了他们的家中。到周末快结束时,仅在脸书上就有超过120万人参与了我们的线上游行活动。我们吸引的线上参与者人数远远超过了我们实际能够去华盛顿特区参会的人数。穷困潦倒的人们知道在一片枯骨之地发起一场运动的艰巨性。"但我们必须这么做。"他们说。而且他们真的做到了。

几个月后,共和党和民主党召开全国代表大会,正式提名了他们的总统候选人。当时疫情仍在蔓延,美国的大多数社区仍禁止举行线下聚会活动,所以我们向特朗普和拜登发出邀请,希望他们能够在一个虚拟的贫困论坛上发表讲话。特朗普竞选团队选择不参加,但当时的候选人拜登在我们的大会上发表了讲话。他承诺,如果他当选,"消除贫困将不仅仅是一个愿望,它将成为一种旨在构建普惠新经济的变革理论"。

几周后的2020年11月,超过8000万选民向时任总统投出了拒绝票,这是自1932年罗斯福击败胡佛以来,美国人民发出的最为有力的一次反对声浪。拜登已承诺支持每小时15美元的最低工资和全民可负担的医疗保健，这些都是关系到全国各地穷人福祉的重要事项。在经济危机、新冠疫情以及争取种族正义的抗议活动纷至沓来之时，来自各行各业的穷人和低薪劳动者以创纪录的投票数，战胜了特朗普用谎言和恐惧煽动起来的那些反动的基础力量。

当我们的研究团队告诉我，2020 年至少比 2016 年增加了 600 万低收入投票者时，我意识到，我们所目睹的这种变化，绝不是仅靠我们这个团队努力就能取得的结果。我们的运动一直在致力于教育民众，并呼吁他们去动员自己的邻里积极投票，但这种贫困和低收入选民激增的情况显然超出了我们的预期，其背后显然有着更为广泛的影响力量。有 600 万收入低于 5 万美元的新选民选择了拜登而不是特朗普，两人在这一群体中的支持率差距高达 15 个百分点。在佛罗里达州，选民不仅能够为总统候选人投票，还可以就是否将最低工资提高到每小时 15 美元进行表决。特朗普最终在这个州取得了胜利，但获得最多支持票数的却是这项支持提高最低工资的提案。

贫穷白人选民加入了黑人、棕色人种和原住民选民以及郊区反特朗普选民的行列，通过投票战胜了特朗普的坚定支持者。虽然是在疫情期间，但参与投票的人数达到了美国历史上的新高。一个由各种族贫困和低收入人群组成的新选民群体正在崛起，他们力求实现泰瑞在俄亥俄州谈到的那个梦想，他们坚信能够塑造一个更好的美国。在那群承受着低工资、无家可归、无法获得医疗保健和学校资金不足等暴力的"枯骨"中，一场新运动已然兴起。

我们见证了道德融合运动的力量，认识到这种力量能够帮我们跨越旧有的分界线并实现民众的团结，但我们的工作还没有完成。历史早就告诉我们，那些反动力量定然不会善罢甘休，势必会策划反扑，而我们必须为此做好应对准备。

第九章

为何必须从底层着手

　　在赢得2020年大选后，候任总统拜登组建了他的过渡团队，并开始谈论他"重建更好未来"的构想。此时我们的运动则提出，他们的重建语言必须以承诺改善底层民众的生活为支撑。我来自北卡罗来纳州东北部，在很早以前就学到了关于重建的经验和教训。从大西洋袭来的风暴会导致我们当地的河流和运河水位上升，而那些把房子建得太靠近水边的人有时会意识到，为了保住房子，他们就必须重建。简言之，他们也必须"重建更好未来"。

　　每当迁移房子时，他们总是先要深入地基的下方，用设备把整个房屋结构顶起来，这样就可以在下面放置支撑物，把整座房子从底部抬升起来。如果你试图从顶部抬起房子，你会把屋顶掀掉。如果你试图用什么东西包住整个房子，然后从中间抬起，整座房子就会开裂并散架。但如果你从底部抬起，整座房子就可以被迁移到更高的地方。

这也是我们试图向新任政府传达的基本信息：如果他们真的想重建更好未来，他们需要首先履行提高最低工资、捍卫工会权利、扩大医疗保健覆盖面和保护所有美国人投票权的承诺。我们说："当你从底层着手时，每个人都会得到提升。"

当我们在公开会议、评论文章和媒体采访中提出这一主张时，我收到了一位拜登过渡团队成员发来的消息。他打电话问我是否愿意在国家大教堂为总统和副总统举行的就职典礼上布道。这不是我所期望的回应。

"我可以接受这个邀请，但前提是我不会迎合任何人。"我告诉他。

这正是他们所期望的，他说："如果你愿意，我们希望你能考虑讲解《以赛亚书》中呼吁我们成为'补破口者'的经文。"

"好吧，我对此确实有些话要讲。"我笑着说。我接受了邀请。

我知道《圣经》中以赛亚这句令人难忘的话经常被政治家们提起。总统克林顿的演讲撰稿人就经常援引《圣经》中"补破口者"的呼吁，以唤起背景各异的美国人之间的团结精神。当我向上帝祷告该如何宣扬先知的这一号召时，每天晚上的新闻中仍在不断播放着2021年1月6日骚乱期间国会大厦被围困的画面。拜登承诺他能够团结国家，但特朗普最忠实的支持者似乎宁可摧毁政府，也不愿意将其交到拜登的手上。

我们需要团结起来，但团结的形式也非常重要。暴徒可以因邪恶而团结在一起，就像那些集会的三K党一样。一群人可以聚在一起享受美好时光，就像在音乐会或节日里一样。但如果我们要实现《圣经》中以赛亚所设想的那种团结，我们就必须回到他早期的预言中，注意上帝应许的条件。以赛亚说，"如果你松开凶恶的锁链"（我的一些拉比朋友告诉我，根据古希伯来语的《圣经》经文，这句话最好翻译为"如果你给人们支付能维持生计的工资"），如果你关心穷人，把他们作为你关注的中心，甚至邀请他们到你们的家中，把他们当作家人一样对待，"这样，你的光就必发现如早晨的光，你所得的医治要速速发明"。以赛亚说，只有如此，你才会被称为"补破口者"。

2021年1月时，公共卫生条例仍然禁止在华盛顿特区举行室内聚会，因此，在白宫国宴厅参加就职仪式的总统拜登、副总统哈里斯及其家人和团队高层都将戴着口罩并保持社交距离。我则会通过视频在北卡罗来纳州罗利市的讲坛上向他们和全国人民布道。走进空荡荡的圣所并向全国宣讲先知的信息，这的确是一种奇特的经历。在开始直播之前，我坐在讲坛后面的凳子上调整心情，与此同时，福音钢琴家则在弹奏着那首名为《耶稣必须独自背负十字架吗？》的古老赞美诗。我知道我并不孤单。那位激励先知在古代以色列写下愿景的上帝，也与我同在于21世纪的美国。更重要的是，我知道一个由穷人组成的运动正在崛起，我必须让更多人知道这个信息。我之所以来到这里，并不是因为我已经掌握了多年前在布道课上学到的所有技巧和知识。我来这里是为了唱出那首从美国枯骨之地激荡而起的歌曲。我想起多年前父亲对我说过的话：对一个牧师来说，关键不在于是否拥有权力，而在于如何利用你所拥有的权力。

我走上讲台，祈求上帝帮助我，然后望向圣所中间那三脚架上的摄像机镜头，开始了我的布道。"根据以赛亚所述之意象，破口乃是国家现状与上帝所希望之间的差距,"我说,"换到我们这个时代,破口就是当我们口口声声说'上帝保佑下的一个不可分割的国家'时,我们却看到富人和穷人生活在两个截然不同的美国。"

我告诉总统,我知道他曾亲身感受到过这种破口。在这位总统还是小孩子的时候,他的父亲也曾经失业,他的家庭也一度生活在贫困之中。我告诉副总统,她也曾在美国的共同生活中感受过种族主义的破口之害。"即便我们两周前在国会山看到的事件,也都是长期历史的结果……这种蓄意制造和传播政治分裂的策略最终导致了暴力,而至上主义的思想始终都是暴力的温床。"以赛亚的远见揭露了古老的迷思,并阐明了我们明显缺乏团结的事实,而我们之所以缺乏团结,根源就在于种族主义和贫困方面的各种古老的破口。

传教士的工作在某种程度上很像外科医生。你必须先找到疾病的根源,然后才能施用药物。我知道,如果我们国家能够直面我们破口的真正根源,我们所有人便会迎来好消息。"如果我们的人民能够在上帝的帮助下修补破口,复兴和更新就会到来,"我讲道,"爱和光明将会迸发出来。如果我们努力修补社会的破口,上帝就会听到我们的祈祷。确实,美国还从来没有成为它所期望的那样。但就在此地此刻,我们看到了第三次重建的可能性。"

这并非只是空想。我在传讲的既是《圣经》中以赛亚几千年前就已看到的社会愿景,也是我在北卡罗来纳州米切尔县和贝尔黑文、肯塔基州科尔宾县和哈伦县的所见所闻。尽管有非常强大的力量正在试图让我们相信这个国家已经陷入了无可救药的分裂之中，但我想在总统上任的第一天传讲的一个好消息是，事实上，我们可能正处于自由新生的风口浪尖之上。

我们"补破口者"的工作人员不仅仅会对那些散布有关选举舞弊谎言的极端主义分子做出回应，我们还始终关注着在2020年选举中大多数美国选民支持的议程。如果共和党人情愿借助"选举诚信"的谎言来破坏民主，那么民主党人就有责任利用他们被赋予的权力来捍卫民主，并尽快推出能够解决贫困和低工资问题的政策。当我们在白宫与拜登总统的经济顾问会面时，我们的团队包括了来自各个种族和地区的20多位穷人，他们解释了为什么从底层着手的政策并不是"极左"或"激进"的提议，而是大多数美国人都在期待的能够帮他们解决各种社区问题的有效方法。

来自北卡罗来纳州达勒姆的萨拉是一位白人女性，同时也是7个孩子的母亲和6个孩子的祖母，她告诉拜登的顾问，在华夫饼屋工作的她，只能拿到她所谓的"致贫工资"。当白宫官员仍在准备应对疫情的措施时，萨拉告诉他们："我没有带薪病假，没有危险工作津贴，也没有医疗保险。我从来没有找到一份工资足够我维生的工作。"这位白人劳动者与南方的黑人和棕色人种服务业劳动者联合了起来，恳求政府修补那些威胁到她家庭的破口。她说，她刚刚投出了有生以来的第一张选票，因为她相信总统拜登会履行将联邦最低工资提高到每小时15美元的承诺。现在，她希望看到政府能够采取措施将这一承诺变为现实，以惠及数百万像她这样的劳动者。

是的，一些被古老迷思束缚的白人冲击了国会大厦，并试图推翻美国新兴的多种族多数派的政治意愿。但这些人和萨拉及其越来越多的同行者有着本质的区别。即使在南方他们也不占多数，尽管正如我们之前所提到的，"詹姆斯·克劳律师"多年来一直处心积虑地试图在南方分裂我们的道德融合联盟，阻止美国新生的多数派行使其集体意志。媒体显然未能充分予以报道的一个事实是，就在2021年1月6日数千人冲击美国国会大厦的前一天晚上，超过220万人通过参加佐治亚州的一场特别选举，将拉斐尔·沃诺克和乔恩·奥索夫送入了美国参议院。沃诺克和奥索夫一黑一白的形象共同成为融合联盟的象征，我们的融合联盟不仅通过投票使他们当选，还为民主党在参议院争取到了多数席位，这将非常有助于国会通过关于提高联邦最低工资的立法，使拜登对萨拉这些人的承诺变成现实。

然而，在白宫和参议院领导层还没来得及完成提高最低工资的计划时，西弗吉尼亚州民主党联邦参议员乔·曼钦[①]就开始向记者解释他为什么不支持这一提案。几年前，当民主党在参议院占据少数席位时，我曾在其党团会议上发表过演讲。我不仅自己发言，还坚持带上一名黑人和一名白人低薪劳动者一起前往。曼钦在会议结束后打电话给我，表示在听完我讲述西弗吉尼亚州贫穷白人的困境后，他内心颇不平静。我们谈到了穷人的共同困境以及共同努力寻找政策解决方案的必要性。我曾希望他能够成为

[①] 乔·曼钦自2010年起担任西弗吉尼亚州的联邦参议员，以中间派立场著称，经常在一些议题上与共和党合作，因此在党内外都被视为具有保守倾向的民主党人。2024年，曼钦宣布退出民主党，成为一名无党派人士。——译者注

我们运动的盟友。

现在民主党在参议院中拥有了多数席位，但曼钦却暗示，尽管每小时 15 美元的最低工资是他自己所在政党全国纲领的一部分，但提高最低工资可能会对他所在州的劳动者造成伤害。经济学家早已经揭穿了这些说法，我知道他肯定是受到了美国商会的政策游说。我们不能仅靠数据来反击这些虚假叙事。我们需要一个人能够用亲身经验和西弗吉尼亚州普通人能理解的语言来反驳这些谎言。我知道我需要联系我的朋友帕姆·加里森。

由于疫情的原因，当时大家都习惯于通过 Zoom（视频会议软件）进行线上交流，我第一次见到帕姆也是在 Zoom 会议室里，当时我正在与来自西弗吉尼亚州的"穷人运动"成员举行视频会议。她与一位来自查尔斯顿的黑人女性组成团队，把全州的贫困妇女组织了起来。帕姆是一位心直口快的山区白人妇女，一生都在和贫困做斗争。我记得我们第一次聊天时，她说，山区里没有公共交通，所以为了凑够汽油钱开车去做下一份仅支付最低工资的工作，她很久以前就学会了如何把多余的 5 分硬币和 1 角硬币存放到纸卷里。如果曼钦要鹦鹉学舌地重复那些关于最低工资的新自由主义谎言，他就需要直接面对帕姆这样的选民。

我们在 2021 年初组织了一个西弗吉尼亚州代表团与曼钦会面。当看到和我一起来的西弗吉尼亚人大多数是白人时，曼钦显得非常惊讶。这些人大多是年长的女性，她们不想浪费任何时间，而是直接切入正题。"曼钦参议员，我认识你的母亲，"其中一位说，"我知道你的背景出身，我不敢相信你现在会这样对待穷人。"

帕姆明确表达了提高最低工资标准的重要性。"现在的最低工资不足以养活我的家人，让我们维持生计，"她告诉曼钦，"既然这是一个救助计划，那么你不能把救助的最重要部分给剔除了。"

曼钦则摆出了政客常见的那种敷衍塞责。他感谢那些分享自己痛苦经历的女性，并谈到了他年轻时在西弗吉尼亚州看到的贫困。然后曼钦告诉她们，自己已经与一些共和党同事达成了妥协，可以将最低工资提高到每小时12美元左右。但在场女性的态度都非常明确：民主党早已做出过承诺，所以她们希望曼钦不要出尔反尔。

如果贫穷人群认为团结起来打败极端共和党人符合其最佳利益，那么他们也同样清楚，我们必须挑战那些拒绝承认贫困和收入不平等问题严重性的所谓温和派民主党人。这让我想起了马丁·路德·金博士在《伯明翰狱中来信》中的反思。他写道："我几乎得出了一个令人遗憾的结论：黑人在迈向自由道路上最大的绊脚石不是白人公民委员会的成员或三K党成员，而是那些更注重'秩序'而非正义的白人温和派。"

对于金博士在半个多世纪前做出的分析，帕姆也深有体会。通过关注那些已被视为常态的痛苦和苦难，金博士和帕姆都认识到，真正的正义并不是介于为生存而斗争的人们与维护现状的政治家之间的某种中间立场。当火灾威胁到人的生命时，如果有能力扑灭火焰的人只采取温和的回应而不是立即采取行动，那这种"温和的回应"本质上就是一种暴力。像曼钦这样的政客可能会宣称自己希望"跨党派合作"，坚持认为与共和党同僚达成妥协才是实现团结的方式。然而，当直接面对帕姆这样的选民时，曼钦看上去更关心那些富有的捐赠者的利益，而不是西弗吉尼亚州贫穷选民的福祉。

尽管如此，关于国会山的叙事却总是反复回到一个话题上，那就是像曼钦这样的人是否能够在深度分裂的民主党和共和党之间找到一个合理的妥协方案。我可以看到，我们曾辛苦争取到民主党支持的议程将被曼钦和他的同事——来自亚利桑那州的克斯滕·西内马阻挡，后者同样以两党合作的名义放弃了对总统承诺的支持。我们已在融合组织方面付出了大量努力，以求将改善穷人生活水平的政策（例如提高最低工资）与扩大和保护民主的政策（例如恢复《投票权法案》）相关联。我们认为，如果几十年来造成更大不平等的政策是一个国家的民主困境带来的，那么除非我们恢复和扩大对投票权的保护，否则我们就不能指望那些重建民主的立法工作能够获得足够的支持。尽管提高工资经常被框定为贫穷白人应该关心的"阶级议题"，但投票权几乎总是被视为"黑人议题"，也就是一个民权组织为之奋斗的、主要影响黑人的问题。我们所创办的多种族融合运动致力于对抗这种根植于古老错误观念的虚假对立。我们要让贫穷的白人和他们贫穷的黑人邻居实现联合，共同把票投给那些声称会为维生工资和投票权而战的领导人。如果我们想要真正从底层着手改善民众的生活，就需要既追求物质利益，又追求政治权利。

曼钦的极端立场使西弗吉尼亚州人民对这两者的联系产生了更为清晰的认识，作为反面教材的他比"补破口者"组织所能提供的任何政治材料都更能产生教育效果。在曼钦表示将阻止关于提高最低工资的立法后,他又宣布拒绝加入民主党多数派推动的《为人民法案》立法工作。《为人民法案》是约翰·刘易斯在其生命的最后时刻倡导的一项投票权利法案,但共和党一直在阻挠该法案的通过。

在争取投票权方面,美国政坛中没有哪一位民选代表的影响力能够与约翰·刘易斯相提并论。在1963年的华盛顿大游行中,他极力敦促民主党人支持维生工资和投票权。随后,23岁的刘易斯前往亚拉巴马州塞尔马支持当地争取投票权的草根运动。当他带领着一队争取投票权的黑人和白人一起穿过埃德蒙·佩特斯大桥时,一队骑警冲进游行队伍,对这些手无寸铁者进行了残酷的殴打。1986年,刘易斯当选美国联邦众议院议员,此后30余年,刘易斯不忘初心,始终在继续着其为美国人民争取投票权的事业。

在2013年,"谢尔比县诉霍尔德案"的判决导致全国各地州议会相继推出了一系列选民压制法案。为了抵制"詹姆斯·克劳律师"的多维度攻击,刘易斯与参众两院的同事们携手制定了一项旨在保护和扩大全体美国人投票权的综合性法案。在刘易斯于2020年去世之前,曼钦以共同发起人的身份在美国参议院签署了这项名为《为人民法案》的提案。然而,不到一年后,曼钦却改口表示,他不认为参议院应该通过党派投票来推进关于投票权的立法。与放弃对维生工资的立法一样,这意味着参议院的民主党人将不会采取任何行动来实施他们在竞选时所承诺的议程。与此同时,根据布伦南中心的数据,2021年冬春两季,共和党人在全美各州议会一共提出了250多项关于投票法律的修改提案。压制选民投票权的火焰愈演愈烈，可曼钦参议员却表示，在能够说服纵火犯加入其行列之前，他认为自己不应该采取任何行动来扑灭这团火焰。

帕姆又从西弗吉尼亚给我打电话，说我们必须发起游行。"巴伯牧师，他们总说选民压制只会伤害黑人，但他们在西弗吉尼亚推行这些法律，而我们这里几乎没有黑人。"

帕姆说得对。不仅仅是西弗吉尼亚，全国的贫穷白人都需要站出来，就工资和投票权问题向那些代表自己的联邦参议员发难。我们"补破口者"行动的组织者告诉我，亚利桑那州的人们计划在参议员西内马的办公室举行静坐示威，要求她信守承诺，支持白宫为扶助底层人民推出的提高最低工资和保护投票权等政策。在得克萨斯州，州议会正打算以立法形式削减投票权，但与此同时我们也得知，为了引起公众对这些极端行为的关注，并抗议部分联邦参议员的不作为，一个联盟已经在筹划开展一场走向州首府的炎夏大游行活动。我还接到了我的朋友、乡村音乐艺术家威利·纳尔逊打来的电话。几年前，我通过一个名为农场援助的组织认识了威利，该组织是一个以美国乡下农民为对象的援助项目。威利认识到，选民压制不仅会影响其直接目标人群，如果政客拒绝通过我们发展可持续食品体系所需的政策，那么农民也会变成选民压制的受害者。威利说，他将邀请他所有的朋友在游行结束时前往奥斯汀的州议会大厦和我们会合。我们最终举行了一场超大规模的集会——超过1万人齐聚一堂，共同呼吁建立一个为人民服务、能够真正扶助底层人民的政府。

这正是许多人渴望的团结之路，这正是创纪录的选民以投票的方式将众议院、参议院和白宫的控制权同时交给民主党时所期望的修复。在 2020 年，由黑人、白人和棕色人种共同参与的这场争取种族正义的联合斗争，促成了一个致力于实现美国更大平等的融合联盟。一年后，由资金充裕的神秘组织发起的"反觉醒"运动煽动了古老的迷思，声称我们的反种族主义努力是一场针对白人的攻击行动。那些所谓的"父母权利"组织宣称学习和了解黑人的历史可能会对白人孩子造成伤害，极端立法者则试图禁止我们阅读那些讲述美国不平等历史真相的书籍。我们不需要考虑如何妥协。我们需要的是一场把黑人和白人团结起来的融合运动。在美国，繁荣的成果被少数人占有，而 1.4 亿像萨拉和帕姆这样的穷人却每天都生活在艰难的挣扎之中，我们必须通过一场运动，促使我们的国家去正视和修补存在于这两个群体之间的真实破口。

我们需要帮助人们认识到，美国长期以来为争取平等而进行的斗争并不是一场零和游戏。我开始意识到，西弗吉尼亚州就是我们的塞尔马。

1965 年，在亚拉巴马州"黑带"地区为争取投票权而游行的黑人和白人让所有美国人看到了"吉姆·克劳"的固有暴力性。同样，如果在西弗吉尼亚州的贫困白人能够与其黑人和棕色人种盟友共同为争取投票权和维生工资发动游行，那么曼钦的极端主义和反动右翼对"觉醒文化"的攻击也将被彻底揭露。我们如此呕心沥血地发展和建设多种族融合运动，我们的努力和目标绝不能被那些约瑟夫·麦卡锡和乔治·华莱士的拙劣模仿者干扰。如果那些承诺保护我们利益的人只想着与那些荒谬的主张达成妥协，还不遗余力地奉劝我们耐心等待，我们也绝不会坐以待毙，一定会起身反抗。右翼极端分子和所谓的"温和"民主党人互相勾结，他们违背了大多数美国人的意愿，联手扼杀了贫穷白人与他们贫穷的黑人和棕色人种邻居期望获得更高工资的愿望。我们必须帮助这个国家认识到真正的问题所在。

2021年6月，我乘车前往西弗吉尼亚州的查尔斯顿，加入了帕姆和她的朋友们聚集起来的一支抗议队伍。他们要当面与曼钦对峙，并要求他就背弃承诺一事向自己的选民做出解释。我们在河边的一座高速公路立交桥下见了面，这群西弗吉尼亚人跟我分享了他们无法维持生计的悲惨经历。作为本州"穷人运动"指导委员会的三位主席之一，帕姆明确阐述了我们聚集到此处的原因。"美国人民被愚弄了，我们被当成了傻子。是时候醒悟了！是时候让我们的美国同胞醒悟了，否则我们所拥有的就只是一具民主的空壳。"帕姆告诉抗议的人群，我们要游行到曼钦的办公室。

我们排成了一条一眼望不到头的队伍，两两成行地向前移动。那天参加游行的人里90%是白人，然后有几个黑人把我拉到一边，跟我说："我们听到号召后就想参加投票权游行，但我们以前从未加入过这样的组织。"我笑着告诉他们："好吧，现在正是时候。"

在出发之后，我才知道曼钦的办公室位于本州的彩票大楼内，路对面则是一家医院。"这简直证明了他是在拿我们的生命做赌注。"当我们接近大楼时，一位女士如此说道。当我们到达时，发现大楼的门已经上了锁，保安则准备把我们轰走。我们告诉他们，西弗吉尼亚州的人来这里是为了会见他们的参议员，想知道他为什么没有提出他之前承诺过的妥协法案。面对当地众多媒体的摄像机，保安也只得同意我们在外面等候。几分钟后，曼钦的一名工作人员出来告诉我们，他因在华盛顿特区履行职责而无法和我们见面。帕姆请工作人员转告参议员，我们会在那里等着他。

于是，在接下来的一周，我们真的去了国会山。我们"补破口者"活动的组织者主动向全国各地的民众分享了我们的"向曼钦进军"策略。在我们看来，在我们国家历史上的一个如此关键时刻，我们必须通过一系列直接的行动来明确宣示妥协行为可能导致的负面后果。记者们问道："你们真的认为可以说服曼钦和西内马，让他们改变阻挠议事规则的立场吗？"

"我可以告诉你们的是，"我回答说，"我们不会再试图通过常规的办法来改变他们。他们不会仅仅因为与我们会面就改变立场。他们已经向我们证明了这一点。但如果我们能揭露他们的极端立场……如果我们能让全国民众看到，他们违背承诺的做法正在害死很多无辜的人，那么也许我们能够改变你们这些媒体的叙事。也许我们就能停止把这种极端行为称为'温和'。如果我们能做到这一点，他们最终将不得不改变他们的立场。"

在最高法院前的集会上，戴着防疫口罩的我们决心找出一种能够突破现有荒谬叙事的方法。依据这种叙事，个别人仅凭一己之力就把大多数美国人支持的政策挡在门外，这种做法竟然被视为合理正常。但正如全国各地的贫穷人群告诉我们的，这种荒谬的论调正是他们不愿意去投票的主要原因。我们绝不能假装将此视为正常。我们的人之所以愿意冒着健康的风险，抱着牺牲的精神，乘坐长途巴士风尘仆仆地跑到华盛顿特区抗议，就是为了能够明确揭露曼钦的极端立场。

我尽可能清楚地解释了为什么像我这样的黑人牧师会和像帕姆这样的白人女性站在一起挑战曼钦。曼钦手捧《圣经》宣誓时可没有说过要"温和地"效忠于宪法。他在竞选参议员时也从来没有说过，如果当选，他会伙同共和党人，一起阻挠甚至破坏那些能够保护宪法权利的立法。我们并不反对原则上的妥协，但妥协的可能性应当基于一个共同的承诺之上，即每个年满18岁的美国公民，无论是出生于此还是归化而来，都可以通过行使投票权的方式来影响最终结果。共和党人已经向我们表明，他们甚至不愿意讨论如何捍卫这一承诺。他们屈服于一位连任失败的前总统的谎言。他们与那些由大公司资助的智囊团和试图通过立法来压制2020年投票选民的州议会极端分子沆瀣一气。在国会大厦被一群意欲推翻选举结果的暴徒冲击6个月后，共和党人竟然选择站到了叛乱分子一边。我问道："你们怎么能和这些人妥协？"

我们从最高法院步行至曼钦所在的办公楼，来自不同背景、不同种族的示威者把他楼下的那条街道挤得水泄不通。我们在标语牌上写下了4项诉求——结束阻挠法案的行为、通过《为人民法案》、恢复《投票权法案》以及将联邦最低工资提高到每小时15美元，并手持这些标语牌并肩前行。这些都不算什么激进的想法。在一年前，控制着联邦政府的民主党人还曾承诺要实现这些诉求。但现在，整个国会的共识是这些提案都不会有任何光明的前景。当我们经过位于最高法院北侧的联合卫理公会大厦时，我注意到门前的标语竟然和我们所提出的一系列朴素诉求遥相呼应。那标语写道：投票权乃是一项道德议题。

当我们的队伍行进至哈特参议院办公大楼时，我们高唱道："有人一直在窃取我们的投票权，这已经持续了太久的时间。"当我们在歌曲的下一节中唱到"有人一直在窃取我们的工资"时，我们知道我们所唱的其实是同一群人。他们就是那些联合起来一致反对推行穷人和低工资劳动者扶助政策的共和党党团成员，还有那些一厢情愿地相信妥协比落实对选民的承诺更具现实性，并因此迟迟不采取行动的温和派议员。

当我们到达曼钦参议员的办公室外时，他的工作人员再次告诉我们，他无法出来和我们会面。帕姆和我只得一起站在大太阳底下，承受着从沥青路面上升腾而起的阵阵热浪。她和一群抗议者都是连夜乘坐长途车赶到这里的，他们真的是那种连一天假也不敢请的劳动者，但仅凭现有的工资，他们根本无法长久维持基本生计。他们把家庭的福祉都寄托在打破这看似无法动摇的坚石之上。所以我们决定就在街上等曼钦参议员。他至少应该出来向这些等了几个月的民众做个解释，告诉他们他所谓的"正在制订的妥协计划"到底进展如何。

国会的警察督促我们离开，否则将逮捕我们。我们告诉他们，我们理解他们是在履行职责。"但我们不是来搞叛乱的，"我对其中一位警察说，"我们是为了实现国家的复兴。"

当我站在那里，看着我们的抗议者冒着巨大的风险发声却最终遭到逮捕时，我知道，随着时间的推移我们的行动或许有助于打造一场能够改变公众舆论的运动，但从政治现实主义者的角度来看，这些行动其实并没有多少意义。对于大多数试图影响国会立法的组织来说，这种直接行动并不会带来合理的风险回报率。然而，当我以《圣经》中先知以赛亚的角度，再次望向这些采取非暴力直接行动的人，这些我所认识的每天都在为生存而挣扎的人，我突然有了不同的理解。

那首由肯塔基州和西弗吉尼亚州山民共同吟唱的新歌，如今已经引导着一小部分民众来到了这个国家的首都。是的，在这个国家中，我们尚未能选出一个代表我们道德融合运动的多数派政治力量，但对任何变革运动而言，首要任务是要让民众实现团结，并且摒弃那种认为现状只能如此的态度。如今，一支由贫穷人群组成、拒绝因种族而分裂的非暴力力量，正在团结起来，共同挑战我们公共生活中的那些古老错误的观念。帕姆曾经说过，是时候唤醒这个沉睡的国度了。我不确定我们到底需要花费多长时间才能把这个国家叫醒，但我知道她是在以我们当中的先知身份发言，她为我们这个时代第三次重建的可能性指明了道路。

在这个有着过多非必要死亡的国家，许多人因为出生状况或他们的性取向而遭遇排斥。一些人遭受排斥，仅仅是因为有人必须找到一个可以仇视的对象，并借此找到自己存在的价值。还有一些人则是因为收入、种族、信仰、缺乏信仰而受到排斥，或仅仅因为某些人根据自身意识形态认为自己有权贬低他人人性而受到排斥——这种所谓的"有权"当然毫无根据，因为人性乃是人生而有之的。但是，在一首从阿巴拉契亚山谷一路响彻至国会山街道的纯正山民狂想曲中，我却听到，那些像建筑弃石一样的被排斥者正在汇聚为一个新美国的基础。

我看到帕姆主动将双手放在背后，等着警察用扎带把她绑起来带走。然后，我看到杰西·杰克逊牧师也做出了同样的举动。1968年，当马丁·路德·金在孟菲斯被刺客的子弹击中时，他曾冲上前去，一把将其抱住。这些人曾经历过各种各样的排斥，但如今，在一场坚信必有更强大的团结力量的运动中，他们的手紧紧握在了一起。当曾经采摘棉花的手与贫穷白人、拉美裔、亚裔和原住民的手紧握在一起时，当信徒的手与劳工的手紧握在一起时，当同性恋的手与异性恋的手和跨性别者的手紧握在一起时——当所有遭受过排斥的手紧握在一起时，我们的团结就能成为一种实现救赎的工具。

团结起来，那些被排斥的人就可以教我们再次唱起"这是你的土地，这是我的土地"①。

团结起来，我们就可以确保希望而不是仇恨，拥有最后的发言权。

我们不必接受政客们提出的妥协方案，因为这些妥协如同创可贴，只是用来掩盖那些正在耗尽穷人生命的肉体创伤。即使我们仍旧实力弱小，但如先知一般的视角却让我们看到，即便是少数派，我们也可以通过做正确的事来展示可能性的力量。

受古老错误观念编造的谎言煽动，一小群愤怒和不满的人（我要强调的是，他们并不代表我认识的贫穷白人）在2021年1月6日这一天差点颠覆了我们的民主制度。相比之下，一个由受排斥群体所组成的规模更大、参与群体更广泛的美国联盟，在继

---

① 这句歌词出自美国民谣《这是你的土地》，由伍迪·格思里创作于20世纪40年代，表达了对美国土地的热爱和民主意识，是美国传唱最广的民谣之一。——译者注

续高唱着一首更动人的歌曲。我们不是在发起叛乱，而是致力于开展一场复兴运动。我们要挣脱在过往和当下所遭受的排斥，将自己化为重建这个国家的基石，而要想进行这场重建，我们就必须从改善底层开始做起。

我看见警察逮捕了帕姆、杰克逊牧师和其他几十人，但这群人异口同声地表示，除非他们能见到曼钦，否则绝不会从这条街离开。于是我也走到街上加入了他们的行列，并一同唱起《绝不会让任何人改变我的想法》。我能感觉到我从小就在唱的这首老歌，和那首将我和这一小群抗议者连为一体的狂想曲相得益彰。我们决心携手并进，共同引领这个国家走向一个我们所有孩子都能茁壮成长的美好未来。

第十章

重寻团结纽带

在我小时候，我父亲总是爱给我讲关于我的凯斯曾祖母的故事。本姓布鲁克斯的曾祖母先是嫁到了凯斯家，后来又改嫁到詹姆斯家。在20世纪三四十年代，一到收获的季节，布鲁克斯家的人便会与凯斯一家、詹姆斯一家和一个白人家庭互相交换劳力，他们奔波在各家农场之间的泥土路上，哪里需要他们，他们就会去哪里。当某家田地里的作物成熟时，所有能干得动活的人都会聚到一起收割庄稼。然后，当另一家田地的作物成熟时，整个团队又都会马上转移到这户人家的地里劳作。凯斯曾祖母从不碰烟草，因为她说抽那种脏东西是一种恶习。除此之外，在机器采摘时代到来之前，她和北卡罗来纳州自由联盟社区的大多数家庭都是通过这种方式收割作物的，这也是他们这种传统小农维持生计的方式。

在二战期间，我的父亲进入美国海军服役，那时候，在内外各种压力之下，海军开始接受种族融合，允许不同种族的军人一起为国效力。父亲退役后回到家乡，发现人们仍旧保持着当年的传统，继续以合作的方式在田间劳动。在庄稼地里，他注意到一个年轻白人称呼凯斯曾祖母为"阿姨"。或许这种称呼早已有之，但对于离家多年现在又返乡的父亲来说，他还是第一次注意到这个细节。后来回到家中，父亲对凯斯曾祖母说："你知道你可以拒绝那个男人那样称呼你。"

"为什么？"凯斯曾祖母问道。

"他叫'阿姨'，这也太不尊重人了。"他很严肃地说。就像许多在二战中服役的黑人男性一样，曾冒着生命危险远离家乡为民主而战的父亲，决心不再屈从于"吉姆·克劳"的各种行事方式。"这就是种植园主过去对奴隶说话的方式，"他对凯斯曾祖母说，对正义的热情让他激动不已。"你完全不必接受他的那种态度。"

但凯斯曾祖母只是笑笑说："孩子，那个男孩叫我阿姨，是因为我确实是他的阿姨啊。"

在我看来，父亲之所以喜欢这个故事，是因为他认为这个故事打破了我们在讨论美国社会不平等时的一些固有偏见。事实是，这些人中的许多人确实可能存在着亲缘关系。在美国，如果不谈论种族问题，我们就无法争取正义，但我们无须为了挑战种族主义而把白人视为敌人。事实上我们也不能这么做。因为强调种族差异的目的是制造分裂，所以，如果不去寻找能够将我们团结在一起的纽带，不跨越所有让我们互相对立的界限去建立联盟，我们就无法成为真正的"反种族主义者"。

凯斯曾祖母知道有些人会因为肤色而被法律视为财产，而且那些黑人可能会仅仅因为维护自己作为人的尊严而被杀害。生活在北卡罗来纳州伊登顿阿尔伯马尔湾对岸的哈丽雅特·雅各布斯就是一名曾遭受奴役的女性，她只比凯斯曾祖母早出生了半个世纪。雅各布斯曾经写过这样一个关于她自己的故事：当她拒绝了那个把她视为财产的男人的性骚扰时，那人威胁说，如果她不屈从于他的意愿，他就会卖掉她的孩子。为了躲避迫害，她在她祖母家的阁楼里藏匿了整整7年，才成功逃到自由之地。对于凯斯曾祖母来说，这些事情可不仅仅是一段和她无关的历史，因为在她小的时候，周围就有许多和哈丽雅特·雅各布斯家有联系的人。

与此同时，她也认识不少黑人，他们世世代代都在与白人邻居一起劳作，一起去教堂，他们相知相恋，他们一起养儿育女。我们自由联盟社区的黑人和白人都为他们之间存在的亲属关系感到自豪，因为这种关系的出现并非源于种植园主强暴了我们的祖先。我们之所以是一家人，是因为各种肤色的自由人主动选择了对方，并由此构建了各自的家庭乃至整个社区，他们携手创造了真正属于自己的生活。

父亲因为自己的祖母被一个白人叫作"阿姨"而感到生气，我的曾祖母反倒是被他的这种困惑反应逗乐了。因为她很清楚，相比于那些古老迷思下的谎言，一个融合共处的现实更具有说服力。

父亲喜欢讲这个故事，因为他知道，要想建设一个我们理想中的美国，我们就必须拥有凯斯曾祖母的这种智慧。他知道，要想实现这个目标，我们就必须重新找到能够把我们所有人联系在一起的纽带，因为真正的美国是黑人和白人以及两者之间一切的融合。

从建国之初到现在，每一项致力于重建美国的运动都让那些缺乏权力的人获得了权力，但重建从来不只是让黑人获得权力。人们经常忘记的是，由白人组成的人民党成员在内战后加入了融合联盟，因为他们认识到，他们与新加入共和党的黑人选民在一项政策议程上有共同的利益，那就是必须对南方大种植园主所积累的财富征税，以保证所有人，不分种族，都能获得必需的公共福利。我父亲把凯斯曾祖母传给他的美好记忆又传给了我：在150多年前，人民党人曾经和自由黑人携手构建了一个以爱、家庭、社区以及共同历史为纽带的融合联盟。相比于美国历史上的那些古老的迷思，这些纽带为我们讲述了一个更美好的故事。

几个世代以来，种植园主一直从被奴役者身上窃取免费劳动力，而这也压低了贫困白人劳动者的工资。正如历史学家克里·利·梅里特在其著作《无主之人》中所说，贫困白人的困境导致他们不愿意全力支持南方邦联，而这最终促成了北方联邦在美国内战中的胜利。这些长久的历史传统表明，只要被动员起来，贫困白人同样能够推动系统性变革。除此之外，梅里特认为，"黑人解放运动也从多个方面改善了南方贫困白人的生存状况"。例如，内战后专门为曾经被奴役者设立并提供医疗服务的自由民管理局医院，同样也在为南方各地的贫困白人提供医疗服务。在美国的政治家开始思考全面医保可能性的几十年之前，重建时期的地方政府就已经在尝试为战后南方的黑人和白人提供全民医保，而这一切都是因为由黑人和白人选民组成的联合联盟赢得了选举，推选出了致力于重建公平政治经济体系的领导人。全民公共教育也是如此。当重建政府向种植园征收财富税，以向先前受奴役者提供新宪法所保证的教育时，许多贫困白人也平生第一次获得了受教育的机会。

这也是我们南方的传统，一项在过去常常遭到否定和抹杀的传统。如今，当美国农村的贫困白人悬挂邦联旗帜时，他们常常说这只是"传统，而非仇恨"。但古老的迷思仍然在误导他们，使他们看不到自己的真正传统所在。大多数贫穷的南方白人并不是种植园主的继承人，为了能够继续把黑人当作自己的财产，那些种植园主把数十万人送上战场，并让他们枉送了性命。他们真正的传统实则与那些不愿打仗的人相关，比如北卡罗来纳州的红线会，他们模仿《圣经》耶利哥故事中的喇合，在自家窗台挂上一条红绳子，并以此向其他的红线会成员宣示他们的反战立场。红线会成员并非孤军奋战。"如果你把非裔美国人、联邦主义者、反邦联叛乱分子、反战群体以及那些仅仅是憎恨邦联对其家乡所作所为的人加起来，"我的朋友、杜克大学历史学家蒂姆·泰森写道，"他们的数量恐怕比那些铁杆邦联分子还要多。"

在联邦取得胜利后，白人人民党人和新的黑人共和党人成为持不同政见者，他们在11个前邦联州中的9个组成了融合联盟。在内战后的半个世纪里，他们一度在田纳西州、弗吉尼亚州和北卡罗来纳州赢得了对州政府的完全控制，并实施了一系列旨在促进南方种族公平的改革性政策。所以说，如今所谓的"反觉醒战争"不仅是在试图抹去美国黑人的历史，它也是在妄图否认黑人和白人团结合作的历史。

当我回顾美国历史，反思我们在建设一个更完美联邦过程中所取得的种种进展时，我认识到，融合才是能够给我们带来更美好希望的传统。当美国人能够拒绝古老迷思的谎言并在关键的领域实现团结合作时，我们就能够修正宪法的缺陷，遏制企业的贪婪，并采取措施确保普通人得到他们所需之物，例如生活工资和工会权利，医疗保健和可负担的住房，少数族裔和新移民在法律下受到平等的保护等。所有的这些融合运动都不完美，但它们总是能够激发亚伯拉罕·林肯所说的"我们人性中更善良的天使"。包括弗雷德里克·道格拉斯和威廉·劳埃德·加里森、艾达·B.韦尔斯和玛丽·怀特·奥文顿、马丁·路德·金和多萝西·戴伊等在内的白人和黑人运动领袖，都在不断呼吁我们要遵循宪法的道德承诺和传统的价值观，并以此实现不同群体之间的团结，共同推进融合运动。然而，大规模运动并不是领袖的创造。相反，那些未被载入史册、却能够于日常感受到团结纽带的普通人，才是驱动运动不断向前发展的核心所在。像凯斯曾祖母和她的那些白人表亲们才是这些融合运动的主力军。

凯斯曾祖母的一生横跨了整个南方受吉姆·克劳种族隔离制度统治的漫长岁月。从 1896 年由美国最高法院裁定的普莱西诉弗格森案（该判决认定"隔离但平等"是制造两级社会的一个正当理由）直至 1954 年的布朗案（该判决认定种族隔离的公共教育系统不可能真正公平），在这 60 年间，跨种族合作不仅在整个南方都是非法的，在全国的其他大部分地区更是闻所未闻。凯斯曾祖母去镇上购物时，她甚至不能坐在餐馆的餐台旁吃三明治。尽管有亲缘关系，她那不同肤色的侄子侄女们却不能在周六一起去看电影，因为这是违法的。

促使融合联盟的关系遭到禁止，种族隔离则成为那些私刑暴徒和治安官副手所把持的武器。然而，尽管面对着吉姆·克劳种族隔离制度的重压，凯斯曾祖母仍然坚持以乐观应对，并始终保持着对道德融合的希望。她和当时数百万美国人一样，继续在家庭和社区中，在教堂和酒吧里持续实践着种族融合。他们坚信必有一个更美好的美国，因为他们知道这个世界上还有一种超越美国最高法院裁决的更高法则——一种基于不可被抹杀之普遍人性的道德秩序。正是这种愿景使得美国的第二次重建成为可能。这是我继承下来的传统。这也是我们美国人必须重新拥抱的传统，唯有如此，我们才能成为我们在庆祝国家独立和推动全球民主时所期望的那个美国。

1900 年，即在普莱西诉弗格森案判决的 4 年之后，诗人詹姆斯·韦尔登·约翰逊（后来成为美国全国有色人种协进会的领导人）受邀为在其家乡佛罗里达州的杰克逊维尔举行的林肯总统诞辰纪念活动创作一首诗。尽管当时林肯故去已有 35 年，但黑人社区仍然希望通过以缅怀这位总统的方式来延续那个关于重建的梦想。林肯虽然是一位有缺点的总统，但他签署了《解放黑人奴隶宣言》，并提出了实现多种族民主的愿景。通过一番深思熟虑并借鉴道德融合的智慧，约翰逊与他的兄弟、作曲家约翰·罗莎蒙德·约翰逊合作，为儿童合唱团创作了一首赞美诗（此番为音乐创作而展开的思考甚至还催生了后来的全国有色人种协进会）。《众生扬声歌颂》用音乐的形式表达了对自由和真正民主的渴望，激发了 20 世纪初的融合组织建设。这首歌将这些渴望都锚定在一种"既承认邪恶的力量，但又不放弃美国可能性"的道德叙事中。约翰逊的赞美诗将这种智慧的指引传递给了后人，并教导他们牢记那些支撑着祖先度过"疲惫岁月"和擦干"无声泪水"的希望。后来这首歌成为全国有色人种协进会的主题曲，并在第二次重建的民主扩展运动中广泛传唱。然而，当今天这首歌在超级碗或六月节庆祝活动上被唱起时，人们却常常以为这只是一首"黑人的国歌"。《众生扬声歌颂》原本应当作为一首圣歌，帮助我们歌颂道德融合的愿景，推进建设一个新美国，然而在现实中，它的意义却时常遭到消解，变成了一首民族主义的赞歌。

　　为了忠于我自己，忠于那些把我塑造成道德领袖的传统，我必须重拾这一遗产。当我走在肯塔基州东部的乡间小路上，或与帕姆和她的朋友们在西弗吉尼亚州游行时，我决心扬声高唱那首能够弥补我们所有缺陷，并让我们彼此重新团结的歌曲。是的，那些在第一次和第二次重建时期为了阻止白人支持融合联盟议程而煽动的恐惧情绪仍然存在，其影响远未消失。虽然口号在变化，但谎言始终如一：它说如果黑人获得了什么，白人就会失去什么。白人被或直接或隐晦地告知，他们将失去他们的女人、失去他们的孩子、失去他们的传统、失去他们的国家，甚至失去他们的上帝。在 20 世纪 60 年代后，只要黑人获得任何的政府福利，那么白人就会被告知，政府将把他们的血汗钱拿去支付这些费用。与此同时，自 20 世纪 80 年代以来，政客们大幅削减了针对最富有美国人的征税，而大企业则对这些白人进行百般掠夺，结果，许多原本受古老迷思教唆而憎恨政府救济项目的白人，如今竟变成了急需得到这些项目扶助的群体。

我必须指出的是，其实黑人也在从另一面相信这则谎言，而这同样也会切断我们与融合传统之间的联系。这个谎言说：你绝不能相信任何白皮肤的人。是的，你可能需要在美国社会的各种机构中同白人相处，但长久的伤痛让许多黑人不相信他们的白人邻居能够真正理解他们的痛苦。你可以和白人一起工作，但你必须保持警惕。这个谎言坚称，对黑人而言，最好的做法就是投资那些专注于黑人进步的黑人组织。当今美国的黑人精英尤其容易受到这个谎言的影响。他们认为，他们的权力源于他们在黑人议题上所具有的影响力，他们有时甚至将加入融合联盟的邀请视为对这种权力的威胁。

然而，无论是对哪一种分裂性身份认同的全盘接受，都会阻碍黑人建立能够在美国社会赢得治理多数的那种联盟。当黑人民权组织把选举权问题视为仅仅属于"他们"的议题时，他们也错失了与同样受到选民压制策略影响的妇女、学生、移民、贫困白人建立联系的机会。我相信，正是这种将选举权问题框定为"少数族裔问题"的做法，才使得民主党在2021年和2022年已掌控了联邦政府所有三个部门的情况下，仍旧无法全面恢复《投票权法案》或找到扩大投票权的新办法。民权组织无法仅凭一己之力赢得选举议题，而失败不仅仅会伤害黑人，更会伤害我们所有人。

事实上，许多白人自由主义者之所以会忽视贫困白人的需求，就是因为他们也落入了那些古老迷思所设下的谎言圈套。大学社区会通过支持黑人组织或庆祝黑人领导来履行种族正义的承诺，尤其是在黑人历史月期间。首席执行官会以多元化、公平性和包容性为原则聘请高管，并以要求其管理人员参加强制性培训的方式来促进多样性。然而，白人自由主义者往往会忽视那些在他们出口匝道旁的树林里露营或靠微薄工资勉强维生的贫困白人的呼声。我作为民权运动领袖在全美各地的大学活动中接受过很多的表彰，但我从没见过哪个大学会为那些以组织工会的方式争取个人公平工资和家庭基本医疗保障的本校服务劳工举办大型表彰庆祝活动。若想要诚实面对美国的种族主义，我们就必须承认，那些以种族名义做辩解的不平等现象影响的绝不只是所谓的"少数族裔"。种族变成了构筑当下经济体系的一种工具，而正是这一经济体系使得对贫困和低收入群体的漠视沦为一种常态化现象，如果我们不去挑战那些导致 6 600 万美国白人变成贫穷和低收入群体的系统性因素，我们实际上就是在助长这种分裂和不平等的现象。

在我与西弗吉尼亚州的贫困白人一起工作了一段时间后，他们告诉我，他们很久以前就知道，除非有人死亡，否则矿工的工资是不会上涨的。这件事让我开始反思我们在美国第二次重建时期取得的各项令民权界引以为傲的成就。如果詹姆斯·钱尼、安德鲁·古德曼和米基·施韦特纳没有在密西西比州自由之夏期间被谋杀，我们能赢得《民权法案》的通过吗？那场斗争的牺牲者，既有黑人也有白人。如果三K党没有在塞尔马运动期间残忍地杀害吉米·李·杰克逊、维奥拉·柳佐和詹姆斯·里布，我们又能否赢得《投票权法案》的立法？这些殉道者中同样既有黑人也有白人，他们的名字至今仍镌刻在塞尔马运动的精神中心——布朗教堂的墙壁之上。

为什么我们这个国家的民众，往往只有在看到"像我们一样"的人死去时，才愿意考虑推进社会变革？在历史上，直到北方的一些白人前往南方并同当地的黑人一同殒命时，整个国家才开始正视南方黑人因为种族和贫困而承受了数十载的死亡之痛。今天，我们是不是还要不明所以地以为我们和这些穷人不一样，并继续眼睁睁地看着每天有800人在这个世界上最富有的国家因贫困而死亡？认为美国只有在看到贫困是杀害白人的灾难时才能解决贫困问题的观点确实颇具种族主义色彩。但无论如何，我还是选择提出和关注白人贫困这个问题，因为在我看来，让那些古老的迷思继续分裂我们，让影响我们这么多人的危机得不到解决，是一件极不道德之事。

格莱德纪念教堂坐落在旧金山田德隆区的一座小山上，在这座教堂的周围，则是数十名无家可归者的帐篷以及用防水帆布搭建的临时住所。多年来，教堂每天都会为这些人提供一顿餐食，并尽力为面临贫困这一非自然灾害的他们提供紧急援助。几年前，当我去格莱德教堂参加一场加州贫困和低收入群体的聚会时，我必须下车步行穿过这些人的家，方能抵达教堂的门口。

我注意到一个穿着连体工装裤的白人男子坐在帐篷外的地上。他留着灰红色的胡须，眉头紧锁，眼睛深陷。当我第一次看到他时，他正坐在人行道上，周围摆放着他的全部家当。我心里不禁在想，他到底发生了什么事？他有什么样的故事？在失去稳定的住所和支持并沦落街头之前，他曾经有着怎样的社会和人际关系？

我患有关节炎，因此必须拄着拐杖走路，无法快速行进。这种病症已经困扰了我三十余年，但有时候这一缺陷也有个好处，那就是它能够迫使我放慢脚步，让我更能仔细地观察周围事物。那天晚上，当我朝教堂的入口走去时，我注意到的那位男子抬起头来，叫出了我的名字。

"巴伯牧师，"他说，"感谢你没有忘记我们。我们支持你。"

我停下来与他握了握手，并直视他的眼睛。"让我们一起面对这场斗争，"我向他保证，然后我们聊了一会儿。但教堂里的活动已经开始了，于是我走进圣所，坐到讲台上，开始聆听那些直接受美国不平等影响的人的倾诉。

两位黑人女性一起走到麦克风前。"我们的人民面临着种族主义的选区划分和大规模监禁，"其中一位说，"我们来这里是想说：'我们受够了！'"

"我的家人因丧失抵押品赎回权而失去了房子，而政府却在向收走我们房子的银行提供救助。"另一位女性说。"我的祖先不是自己想来到这个国家的。他们是被绳索捆绑到这里来的。但现在，这里就是我们的家。"她强调道。

另一位来自奥克兰的黑人女性走上前来分享她的故事。"我从小就摘棉花、剪葡萄，"她说，"但我却不被允许和田里的白人工头喝同一个桶里的水。"紧接着，一位拉丁裔女性也上来发言，她说自己和其他许多人一样，除了每天要艰难求生，还不得不承受种族主义的侮辱。她拥有自己的餐饮服务生意，但在被迫搬离一间长满黑霉的公寓之后，她和女儿现在已经无家可归。她需要每月支付 1 000 美元才能住在那间公寓里，但她找不到任何接近这个价格的其他住处。

当我倾听时，我能感受到她们所说的每句话都是真的。若不是因为种族主义遗留的那些古老迷思，在我们这样一个国家绝不可能出现她们经历的那些贫困故事。然而，就如同一座将我唤醒的闹钟，刚才在外面和我打招呼的那位白人兄弟也在不断闯入我的意识。"谢谢你没有忘记我们。"他刚才对我如此说道。要想真正了解美国的贫困程度，我们的国家就既需要看到我们教堂内的这些姐妹，也不能忽略了外面的那位兄弟。

那天晚上，我本该做总结陈词，但现在却无法发表我提前准备好的演讲。我望向那拥挤的圣所后侧，看到了一群很像外面那位白人兄弟的人。他们都是从外面那条被他们当成家的人行道上走进来的，而且大部分都是白人。我从讲台后面走出来，问他们是否愿意上来和我站到一起。我需要践行我所宣扬的理念。

"诸位，我们必须正视贫困的真面目。我们不能只要求政府说实话，我们自己却不道出实情，"我说。"我们传教士和其他人一样有罪。我们总是在谈论什一税，却太少谈论贫困危机。"

我请房间里的人都仔细看看站在他们面前的这些人的脸。所有人一起，真正地看到他们的脸。是的，我告诉她们，种族主义是我每个黑人姐妹所讲述故事的核心，但这并没有将她们的经历与现在和她们站在一起的白人隔离开来。实际上，这反倒强化了他们之间的团结关系。我不确定住在教堂前面街道上的那位白人兄弟怎么会知道我的名字，但这也许和许多年前在自由联盟的另一位白人把凯斯曾祖母称为"阿姨"是出于同样的原因。从某种根本意义上讲，我们就是一家人。那位白人兄弟认识到了这一点，他也希望我能够记住这一点。

这些将我们作为一个国家紧密团结在一起的纽带，存在于美国的几乎每个幼儿园教室、购物中心以及越来越多的家庭聚会中。人口统计学家告诉我们，到2045年，白人将成为美国的众多少数族裔之一。今天，美国每五对夫妻中就有一对是跨种族婚姻。事实上，融合是我们唯一的未来。尽管我们国家的政治分裂比以往任何时候都更加严重，但人们正在以各种各样的方式团结起来，我们以及其他组织所发起的运动，只不过是众多团结方式中的一种。

在2022年冬天，我应星巴克员工的邀请，前往纽约州的布法罗市。这些员工对"补破口者"组织和道德融合运动略有耳闻，所以很想知道是否能够从我们这里得到一些有用的斗争经验。当时正值新冠疫情期间，我们驱车前往一家店面，他们的员工在那里设立了一个办公室，以协调工会运动。他们只是一群年薪仅有3万美元的年轻人，并不是职业的劳工运动组织者，但为了挑战美国最具有权势的公司之一，他们自愿承担了组织协调工作。

领导这一运动的几位年轻咖啡师中既有白人，也有黑人和亚裔，他们直截了当地告诉自己的同事们，如果没有像他们这样的人来负责接单，记住常客的名字，并按照他们的喜好为其提供饮品，星巴克就不可能为股东赚取数十亿美元的利润。与此同时，许多员工却无法仅凭星巴克支付的那点工资来支付房租、水电费以及其他基本生活开支。通过组建工会，工人们可以利用他们的集体力量来争取更高的工资和更安全的工作条件。日益加剧的不平等、疫情限制和通货膨胀等压力的不断累积，迫使这些员工不得不采取集体行动。虽然尚不清楚到底是什么具体事件导致他们走向了组建工会这一步，但突然之间，他们就被卷入了一场超越自身及个人经历的运动之中，成为新一波道德融合运动建设的前线组织者。

和当今大多数美国企业一样，星巴克也在竭尽全力避免其门店受到这股日益高涨的工会化浪潮的影响。为了对抗发轫于布法罗这家小小门店的集体行动，该公司派出了近百名管理者来劝阻员工参与是否成立工会的投票。尽管如此，星巴克还是以失败告终。布法罗两家门店的员工经投票决定成立工会。随后，从亚利桑那州到弗吉尼亚州，其他的星巴克门店也纷纷效仿。就像在1960年，北卡罗来纳州格林斯伯勒的学生以静坐的方式反对设置种族隔离餐饮柜台的行动很快便在南方数十个城市被复制，从布法罗这家小店开启的工会组织行动也很快席卷了整个美国。截至2022年底，美国有超过300家星巴克门店举行独立选举并以投票方式决定是否成立工会。

听完这些年轻人的故事分享，我先是感谢了他们的邀请，接着把自疫情以来我一直在向全国劳动者讲的话告诉了他们。"如果一个社会称你为'必要'，还要求你在疫情期间工作在最前线，那么把你视为消耗品便是不道德的。"我肯定了他们基于自身具体情况来建立团结组织的做法，我还告诉他们，我在过去几年里拜访过的居家护理人员、折扣商店员工和快餐店服务员也在进行同样的努力。

在疫情刚开始时，我告诉这些人，我接到了我的朋友玛丽·凯·亨利的电话，她是服务业雇员国际联盟的领导人，该联盟在美国拥有 200 多万服务业员工会员。玛丽·凯是一个白人姐妹，但得到了各个种族服务业员工的认可，因为她骨子里燃烧着正义之火，她决不允许任何事情阻止她通过组织行动来支持劳动人民。在新冠疫情隔离封锁的最初阶段，她就一直与那些因患者数量过多而不堪重负的医护人员保持交流，这些白衣天使在前线奋战，保护美国人的生命，却经常得不到足够的个人防护设备或危险工作津贴。

玛丽·凯打来电话时说，我们需要找到一种让美国人直接听到这些劳动者声音的方法。当时美国的大部分地区仍处于封锁状态，于是我们决定每周在线举办一次名为"出走星期三"的活动，我们将通过虚拟平台来讲述前线劳动者的故事。在疫情最为肆虐之时，我每个周三中午都在 Zoom 上听劳工们讲述他们的故事，晚上则通过 Zoom 视频为教堂的会众传授《圣经》课程。以色列人在埃及的哀号和这些劳工的倾诉交相呼应，而先知阿摩司"惟愿公平如大水滚滚，使公义如江河滔滔"的呼声也正契合当下的呼声。

我告诉布法罗的那些星巴克员工，他们是另一条支流，我希望他们能够坚定保持团结，并知道在全国各地，还有许多人正在做着同样的事情。在我们离开时，我为他们做了祷告，然后我问司机我们是否有时间去看看尼亚加拉大瀑布。我从未见过它，也不确定什么时候还会有机会再来这个地方。

当我们驻足欣赏美国的这一自然奇观时，我在水流的咆哮声中竟然找到了一丝寂静。我深吸了一口气，试图平复自己的心境。这庞大水系汇聚于一处的壮观景象，着实令人叹为观止。大瀑布的水最初都只是细雨、潺泉、小溪和支流。但当汇合在一起时，它们却能够改变整个地貌，并影响下游的万物。

当我站在那里凝视着尼亚加拉大瀑布时，我突然想到，一条水系所覆盖的区域往往非常广阔。密西西比河流域便是从这个国家的北部边界一直延伸到墨西哥湾。你不可能每隔两英里就看到一次尼亚加拉大瀑布。但时不时地，所有能量也能够汇聚到一处，改变一切。

19世纪60年代末到70年代美国南方的重建就是这样一个具有决定性意义的时刻。没有人确切知道奴隶反抗的源泉和废奴组织的溪流是如何汇聚于一处并成就这一时刻的，但这些力量的结合导致了美国宪法第十四修正案的通过，而且在随后的美国历史中，这一修正案及其提出的"平等的法律保护"承诺一直在指引着社会的进步和改革。

1955年，亚拉巴马州蒙哥马利爆发的反对"吉姆·克劳"种族隔离的大规模运动，也是这样一个具有决定性意义的时刻。罗莎·帕克斯在其中扮演了重要角色，马丁·路德·金博士也在这场运动中起到了重要作用。但正如丹妮尔·麦奎尔在《街之暗角》中所展示的，蒙哥马利公交车抵制运动其实是黑人长期斗争的一次终极爆发。多年来，这里的黑人女性一直在抵抗白人男性的性侵犯，再加上劳工运动和民权斗争，这些愤怒的力量最终汇聚为一条非暴力的"尼亚加拉大瀑布"。这一运动触发的一系列后续事件最终导致"吉姆·克劳"种族隔离制度被推翻，同时也为美国的第二次重建铺平了道路。

当我坐在那里对着尼亚加拉大瀑布沉思时，我意识到我们现在可能正处于第三次重建的决定性时刻。2020年美国发生了一场争取种族正义的历史性起义，紧接着是2022年为争取经济正义爆发的野猫罢工①。在此期间，贫困和低收入选民开始以前所未有的积极姿态参与投票，大力支持那些关注他们实际生活问题的候选人。

是的，这是一个危险的时代，因为那些基于古老迷思的谎言仍在侵蚀着我们的民主根基。你不能只看到决定性时刻的力量而认识不到它的危险。但如果所有这些力量能够汇聚在一起，合力推动实现人人享有自由和正义的承诺，那么我们所经历的动荡时代就有可能改变人类历史的格局，重建一个让所有人都能获得发展机遇的多种族民主国家。以清醒的历史眼光观之，我知道谁也无法保证必然会出现这一结果。但当我看到地平线上那看似平静的水面突然出现瀑布式的流动时，我也不得不承认另一项关于大自然的基本事实：一旦你被卷入这样的洪流之中，你就再也无法回头。

多年前，在米切尔县的一座白人聚集的小教堂里，我得以有机会以牧师的身份与一群意识到古老迷思已将他们引向死胡同的人交流。他们知道现有的体系已经完全无法帮助他们脱困，他们看透了那些宣称黑人、同性恋者或移民是他们敌人的政客的谎言。他们需要一个新的能够让他们找到归属的社区，他们需要与那些看似无法结盟的人结成新联盟并确立一个可以共同为之奋斗的目标。那天晚上，我告诉他们，我还没准备好针对那些茶党州的民意代表采取直接抗议行动。但我不仅邀请他们唱出"以爱相连"

---

① 指工人自发进行的罢工行动，未经工会组织和批准。——编者注

的真谛，还敦促他们加入我们计划于第二天在阿什维尔市中心举行的山地道德星期一集会。

这个故事的后半部分提醒我，你永远不知道什么时候会出现那个关键时刻。第二天上午开了几次筹划会议后，我正在酒店里为集会做最后准备，这时候，经常和我到处搞活动的好兄弟弗兰克·琼斯跑了进来，他告诉我，我们需要尽快赶到集会地点，因为市中心出现了交通堵塞。"啊，不会吧。"我说道，此时的我仍对能否在阿巴拉契亚快速建立融合联盟感到忧心忡忡。"如果发生了交通事故之类的事情，我们可能无法按预定时间集结人群。"弗兰克笑着对我说："快点吧，巴伯！根本没有什么事故，是我们的人把所有街道都给堵住了。"

我当时还没有意识到，原来有这么多人渴望参与这场能够让他们重新发现自我的道德融合运动。

2013年8月的那个星期一下午，有一万人汇聚到了阿什维尔市中心，而且其中的绝大多数都是白人。这是那座山城历史上规模最为庞大的一次群众游行。当我最终走到集会的主舞台后面时，一位当地的茶党领袖在我的车旁拦住了我，并试图在部分媒体面前挑起一场争论。但一群准备登台演唱的年长白人女性挡在了我和这位政客之间，明确跟他说，我们没有一个人是来听他讲话的。

那天下午，我们在我家乡的山区成功举行了集会，此后数年间，我继续在美国的偏远和贫困地区穿梭活动，就如我在前面所讲述的那样。在这一路上，我认识了大量贫困和低收入白人群众。这些人不仅渴望获得更好的身份认同，也希望参与一场能够让这个国家和世界了解我们到底是谁的运动。毫无疑问，他们面对着众多反对的声音，那些受世界上最富有人群资助的势力会持续扩大他们的反动声量。然而，这些人虽是我们的对手，却并非我们的敌人。那些蛊惑他们的迷思，终究会让他们失去所爱的人，失去与我们生存发展所必需之物的联系，所以他们同样也需要一个更好的故事。当我们团结起来建立一个能够在政治上击败他们的联盟时，我们其实也是在帮助他们。

这些年来，我的朋友威利·纳尔逊一直在积极参与我们的穷人运动。他总是带着他那把破旧的吉他，在集会上演唱自己写的歌："如果你不喜欢在位的那些人，就投票让他们下台。"我欣赏他在政治方面的幽默感和务实态度。但他在89岁时发行的新专辑中展现出了更为深刻的见解。面对眼前的诸多严峻挑战以及少数人对我们这场变革运动的激烈反对态度，威利唱道：

有些人还看不清这个世界，所以我们必须引导他们。
我们一定要完成这个使命，因为这是我们每个人的责任。

在我经过长期思考形成的《圣经》观念中，这就是"余民"的概念。当先知们谴责那些政治领袖及其文化支撑体系的邪恶时，他们总是告诉人们，上帝不需要每个人都站出来反对不公正。上帝需要的只是那些余民，也就是那一小部分人。如果一个社区团结起来并提出另一种更好的可能性，他们就可以影响整个社会的议题讨论。哪怕只有一小部分人认清了现状并非必须如此的事实，这也能够激励所有对自身处境感到不满并产生怀疑的人去找寻一条新路。

作为一名传教士，我从那些正以余民之姿态重建民主的穷人身上，看到了先知们于数千年前讲述的东西。那天晚上，在克利夫兰，当泰瑞分享她的梦想，期待有一天我们能够齐心协力挑战那些导致我们分裂的谎言时，我原本打算宣讲《阿摩司书》第5章中那段以"惟愿公平如大水滚滚，使公义如江河滔滔"结尾的著名经文。但直到我以泰瑞的视角再次思考先知的愿景时，我才意识到，若想让正义洪流的预言成真，阿摩司也必须让他那个时代的人民和今天的穷人一样行事，那就是要铭记那些将我们紧密联系的纽带，并将所有力量汇聚于一个追求变革的余民群体。

哈佛大学的艾丽卡·切诺韦思在其关于社会运动的研究中将这种现象称为"3.5%规则"。在研究了全球不同文化背景和不同历史时期的群众运动后，切诺韦思得出结论：一场社会运动只要能赢得约3.5%社会人口的积极支持，就能够实现其诉求。尽管在美国把一亿选民组织起来搞一场道德融合运动的可能性微乎其微，但事实证明，我们并不需要有如此多的人参与我们的运动。因为运动的影响力总是会远远超出其直接触及的范围。只要能够激发一小部分人积极参与其中，道德融合运动就可以改变整个社会的政治环境。

因此，尽管我对那些反对民主和公平经济的势力有清醒的认识，但我仍然充满希望。从北卡罗来纳州的"共同前进道德运动"到现在几乎把每个州的贫困和低收入人群都动员起来的"穷人运动"，我有幸能够与帕姆和斯坦利、拉金和莎拉这样的领导者一起走上街头，共同以实际行动抵制那些企图分裂我们的迷思和谎言。2022年6月，他们和其他组织者一同动员数万名群众在华盛顿展开抗议活动。他们先是沿着宾夕法尼亚大道游行，之后又在国会山脚下举行了大规模的贫困和低薪劳动者集会。在这次时长100分钟的活动中，贫困者在自己国家的首都有了一个可以直接倾诉个人生活困境的平台。我与马丁·路德·金博士和科雷塔·斯科特·金的女儿伯妮丝·金牧师一起站在台上，望着眼前一望无际的人海。伯妮丝对我说："这就是妈妈、爸爸和其他许多人为之奋斗的目标。"团结一心的我们，都还一直铭记着那些将我们紧密联系的纽带。

我们并不孤单。正如我之前提到的星巴克的例子，低薪劳工争取权益的运动正在不断发展壮大，他们构建了强大的融合性领导组织，并坚持认为雇主为员工提供基本生活工资不仅是一个经济问题，更是一个涉及公平和正义的道德问题。过去十年的反种族主义运动极大推动了各种族群体的政治参与积极性，并导致我们选出了一届比任何时候都更能反映我们社区多样性的国会。为气候行动和枪支管制而战的年轻人也认识到了融合联盟的必要性，他们正在为人类的未来和自己的生命安全进行深入广泛的斗争。是的，反动极端主义和白人基督教民族主义正在变得日益猖狂和肆无忌惮。但正如在南非反种族隔离斗争中常说的那句谚语，"只有垂死的骡子才会踢得最凶"。正是因为他们知道我们握有胜算，才会如此拼命地反对我们。

所以这些天我从一个被称为"伯努利原理"的物理现象中获得了安慰。伯努利原理解释说，如果机翼上方的气流速度比底部的气流速度更快，它就能使飞机的机翼产生向上的升力。利用这一原理，现代帆船实现了逆风航行。

当你顺风航行时，大家都知道风是在推动你的船。但伯努利原理却解释了帆船何以逆风航行。

如果船上的帆设置正确，那么逆风将被分成两股气流：一股从帆的外侧绕过，另一股从帆的内侧穿过。这两股气流的路径长度不相同，但它们必须同时到达。这意味着帆外侧的气流速度必须比内侧的气流速度更快。当外侧的空气流速加快时，它便会形成一个真空，并将帆吸住，如此一来，帆船就会被拉向前方，迎风而行。

和帆船一样，一场社会运动要想获得成功，也并不一定要改变风向。它只需聚集一股加速前进的力量，形成一个可以拉动整个社会前进的真空。这是一种社会伯努利原理。只要我们把船帆设置妥当，即使处在不公正的逆风中，道德融合也能把我们引向我们需要去的地方。我们不必否认逆风的存在，也不必假装周围不存在真实的危险。要维持对第三次重建的希望，我们只需让自己投身于这场加速走向爱、正义和仁慈的道德融合运动之中。只要我们持续向前，齐心协力，我们的运动力量就一定能够创造一个真空，将美国这艘大船引向第三次重建。

后　记

黑人力量何以拯救了我的白人曾祖母

在漫长的午后穿梭于我两位曾祖母的公寓，是我童年时光中最珍贵的回忆之一。伯恩曾祖母脸颊上涂抹着口红，床边摆放着一张自己16岁时丰满的大照片。泰勒曾祖母则少言寡语，她的前夫是一个牧师，她喜欢嚼烟草，当我们问她是否可以尝尝时，她总会递给我们一些搀了糖的可可粉。我两位曾祖母的公寓大同小异，都是一个小客厅带一个小厨房，电视旁边的那扇门通向一个卧室。泰勒曾祖母的公寓里弥漫着炸鸡和自制饼干的香味，每个星期天的教堂活动之后，她都会把饼干盖好并放在炉子上，以供来访者享用。在接下来的一周里，她会把剩余的饼干做成面包布丁，并且总是招呼我们："你们快进来吃点东西吧。"伯恩曾祖母不擅长做饭，但她总是会用自己的红唇亲吻我们的脸颊，并让我们去看看糖果碟里有什么。如果我们的父母忙于工作或在城里跑腿，我和哥哥就会像在乡间庄园度假的小国王一样，在曾祖母们的公寓里享受着愉快的下午时光。

几十年来，伯恩曾祖母一直在浸信会教堂担任领唱，每当有两个或两个以上的人聚集在她的客厅时，她就会很开心地唱起赞美诗。泰勒曾祖母和一位浸信会牧师结婚已有 50 年。牧师患有精神疾病，且一直未能痊愈，所以在儿孙都已长大成人、自己也年满 70 岁之后，她再也无法忍受和牧师在一起的生活，决定离家出走。她从来没有学过开车，所以那一天她只带了一个钱包就步行着离开了家。在我们家住了几年后，她搬到了伯恩曾祖母对面的公寓楼里。

当因为天气太热、太冷或下雨而不能在外面玩耍时，我就会待在其中一位曾祖母家的客厅里，并询问关于她们小时候的故事。我通常和哥哥去相反的方向，他去一位曾祖母家时，我就会去另一位曾祖母家，因为我总是想要得到她们的全部关注。泰勒曾祖母会给我讲她从冷泉水中取牛奶以及一只胳膊夹着一只鸡去镇上赶集的故事。她需要根据母亲的详细指示，用这些东西换回能够在弗吉尼亚西南部农场里养活他们十几口人的吃食。等她稍长大一点，正好赶上了经济大萧条时期，曾祖母和她的姐妹们便被送到镇上的富裕家庭里当女佣。每个周末，她们都会把挣来的钱带回家交给父母，而她们的父母竭尽全力保住自己耕种的土地，直至再也无法维持为止。

伯恩曾祖母对童年的记忆已经不那么清晰，但她仍然清楚地记得自己成年后在纺织厂的工作日常。她每天都站在那里在布料上绘制图案，以供流水线上的下一个工人进行裁剪。我们现在折扣服装店里的衣服也是依照这个流程生产出来的。伯恩曾祖母的丈夫在两个孩子还小的时候就去世了，她只得靠自己努力工作和家人的帮助勉强维持生计。我后来才意识到，当我的曾祖母们给我讲述她们的故事时，她们实际上是在讲述白人贫困的历史。

这是发生在20世纪80年代北卡罗来纳州一个小镇上的故事。当时，我们在小学学校里庆祝马丁·路德·金纪念日，里根总统在电视上劝告戈尔巴乔夫先生"推倒这堵墙"，[①] 而我们的白人主日学校老师则在教堂里教导我们不要以肤色论人，"红与黄，黑与白，在耶稣眼中都是宝贵的"，我们一边唱着歌，一边疑惑着为什么在教堂里没有看到肤色与我们不同的人。后来我才知道，直到我6岁的时候，在我们镇外的州际公路上还竖着一块专门针对非裔美国人的警告牌，那块牌子上写着：如果想活命，就不要在天黑后逗留。

如果有人问的话，我们会说自己既不是种族主义者，也不算是穷人。是的，南方有一段动荡的历史，对那些生活条件本就不富裕的人来说，日子确实过得比较艰难，但我的曾祖母们却认为自己都很幸运。事实也的确如此。她们活着看到了自己的儿孙们在她们公寓外的停车场上玩耍，她们拥有生活所需的一切，甚至还能拿出一些额外的礼物来款待那些最喜欢到她们家里玩耍的小男孩。她们以及抚养我们的社区都希望我明白，首先，上帝对我们非常仁慈，让我们得以幸运地生活在了20世纪末的美国；其次，我们也有责任与那些"不那么幸运"的人分享我们这份生活的幸运。

我当时没有意识到这一点，直到我从巴伯牧师那里了解了道德融合政治的历史之后，我才明白，我在曾祖母公寓楼里所享受

[①] 指1987年美国总统里根在柏林发表的呼吁拆除柏林墙的演讲。——编者注

的幸运生活，在一定程度上是联邦政策的产物，而这些政策之所以能够得到推行，正是得益于美国黑人民众的政治参与。我少时享受过美好时光的公寓楼是一个由住房和城市发展部为老年人出资兴建的社区。泰勒曾祖母给我们分享的许多食物都是由补充营养援助计划支付的。只有在她们都离开这个世界后，我才在回顾往事时逐渐理解到，尽管我们的社区里有很多人都不支持这些政府项目，但若不是其所提供的支撑和保障，童年的我就不可能和曾祖母们一起度过那段美好的岁月。

自1976年吉米·卡特竞选总统以来，民主党的总统候选人还没有在我的家乡赢得过多数票。1980年，新右派和白人保守派联手支持罗纳德·里根，他们大谈传统和家庭价值观，并推行有利于大企业的政策议程，还计划削减旨在帮助数百万人脱贫的政府项目。在一个世代以种族来确立身份认同的地方，这场运动在表面上开始不再带有明确的种族主义色彩。里根一面把马丁·路德·金纪念日定为联邦假日，一面大力削减金博士于1968年被枪杀时还在力求通过穷人运动加以推进的联邦反贫困计划。他们基于所谓的价值观对那些边缘群体进行道德污名化，并要求我们出卖我们身边那些最容易受到伤害的人。

但其他地方的黑人却与白人进步派和其他政治盟友团结在一起，坚持致力于维护那些共和党试图削减和取消的反贫困项目。是的，我的两位曾祖母都是幸运的，上帝保佑着她们，政治联盟则让她们老有所居。不论是伯恩曾祖母还是泰勒曾祖母都认为是耶稣拯救了她们。但事实是，拯救她们的不只是宗教信仰，还有现实中的黑人政治力量。住房和城市发展计划是在林登·约翰逊总统推行"向贫困宣战"计划期间发展起来的，该计划扩展了联邦补贴住房的建设规模，改善了曾祖母们的晚年生活质量，让她们得以含饴弄孙，尽享天伦。我们当地教会的执事教导我们要"孝敬父母"，但现实中的他们却总是"当面说一套背后做一套"。每当他们去投票时，他们中的大多数人都会投票支持那些通过牺牲老人福利来实现的所谓减税和"经济增长"。

当看到很多像我家乡那种小城镇的政府已完全被政治极端力量主导时，一些政治评论家常常情不自禁地问道，为什么会有这么多人受到蛊惑去投出了不符合自己利益的一票。然而，这种疑问尽管真诚，却没有触及更深层次的人类悲剧，那就是人们相信出卖老弱者乃是一项符合自身利益的最佳选择，他们认为这是为了获得预想之未来必须付出的代价。正如巴伯牧师让我认识到的，那些决定美国所谓"红色县"选举结果的选民并不全是穷人。这些人里面有很多都是贫困白人的子女或孙辈，房东或邻里，他们往往在美国的公共生活中缺乏支持或代表。他们是那些相信"财富完全源于个人努力"这一谎言的人。他们只是想维持一种对他们有利的经济体系，哪怕这个经济体系已经完全对周围其他人失效。

10多年前，也就是早在唐纳德·特朗普涉足美国政治之前，我前往密西西比州，拜访了一位毕生致力于家乡经济发展的民权老兵。我们谈到，在经历了20世纪60年代轰轰烈烈的反种族隔离运动之后，民权运动仍旧在经济赋权项目和社区发展计划等方面发挥着影响力。这位已经年过八旬的黑人老者，曾在50年前的密西西比州监狱中遭受过白人警察的残酷折磨，但当提起多年来与他共事的那些贫苦的密西西比白人时,他却流下了眼泪。"我们有马丁·路德·金和马尔科姆。"他说,"在密西西比州,我们有梅尔加·埃弗斯和范妮·卢·哈默为我们发声。但那些贫穷的白人,他们从来没有代言人。"他的悲伤完全发乎于心,当我看到泪水顺着他布满皱纹的脸颊流下时,我意识到他是在以一种远超我这代人所能体会的方式为我的曾祖母们哭泣。

悲伤会让所有人都变得脆弱,但它也有可能让我们生出思变之心,因为无论多么痛苦,它总能给我们指明通往新生活的道路。作为一名传教士,巴伯牧师明白,美国日常生活中的一大弊病正在于我们不能真正地面对悲伤。我们总是不愿意面对失去的痛苦,而是不停地向前推进,我们总是怀揣着"好日子还在后头"的梦想,并竭尽所能地无视各种悲观迹象。对于那些已开始怀疑这种逃避的方式不足以应对我们所面临的挑战的人而言,《白人贫困》这本书不啻于一种行动的呼声。我们完全可以创造一个新的世界,但前提是我们必须愿意正视我们的痛苦,让它帮我们找到改变的突破口。

亚拉·艾伦是巴伯牧师在 2013 年第一次前往米切尔县时的领唱。几年后,她再次和巴伯牧师携手,在我的家乡发起了一场环境正义运动。在离我成长地不远处的一座浸信会传教士教堂里,亚拉倾听了一些黑人和白人家庭的共同倾诉。他们都提到,当地公用事业公司将煤灰倒入池塘的行径使得毒素污染了地下水,并导致当地人出现了非常奇怪的症状。那天晚上的分享仿佛变成了一场迟到的社区纪念仪式,原本互不相识的家庭一起热泪盈眶,共悼那些母亲、兄弟、孩子和朋友的非必要死亡。在聆听他们的哀怨之时,亚拉创作出一首歌,并邀请会众与她一起唱。

有人一直在伤害我的同胞，

而且已经持续了太久。

我告诉你，这已经持续了太久。

哦，我告诉你，这已经持续了太久。

有人一直在伤害我的同胞，

而且已经持续了太久。

我们不会再保持沉默。

  作为穷人运动的一分子，我有幸能够与来自这个国家各个角落的穷人和遭受苦难者一起唱这首歌。但不知何故，在茫茫的见证者中，我似乎总能听到伯恩曾祖母在高声歌唱，只不过她以前总是坐在客厅的躺椅上唱歌，现在则汇入了大众的合唱。我知道，我们的穷人运动会为像我曾祖母这样的人发声。除非美国能够正视我们极端的贫困，能够公正地对待那些为这个国家的建立和建设辛勤付出的民众，否则我们的运动绝不停歇。

乔纳森·威尔逊-哈特格罗夫

致　谢

依照我的信仰传统，我们总是说，无论我们拥有多少，

我们都要归荣耀于上帝，
我信仰的创始成终者，
是上帝让我得衣蔽体，心智清晰，灵魂得救，
令我保持康健，充满力量，
守护我于深夜死亡濒临之际，
以爱的指尖触摸我于每日清晨之时，
将我唤醒，让我的光辉岁月延续，
使我靠着神的恩典事奉，不至于徒然地活于此世。

如果你已读到此处，你就会知道我对我父母埃莉诺·巴伯和威廉·J. 巴伯有多么感激，是他们将道德融合的智慧连同根植于我身

份认同的家族历史都传递给了我，让我认识到了在美国不同种族之间实现联结的可能性。我感谢他们以及我的其他家人，他们一直在为我祈祷，予以鼓励支持，和我共同为这项事业竭心尽力。

到现在你应该知道我是多么被一些人所感动，正是因为他们，我才得以理解白人贫困何以能够揭穿美国的古老迷思，并迫使我们正视美国严峻的贫困。因此，首先我要感谢所有那些在承受邪恶甚至致命政策的同时仍用希望和坚韧激励着我的人——尽管我无法在此书中将他们所有人的故事都一一展开。有很多贫困者和低收入者已开始拒绝接受那些关于他们的迷思，并坚定主张自己有权平等地获取政府资源和参与民主程序，这本书正是为他们而写。是你们让这本书成为可能，是你们让我看到了实现第三次重建的希望。我想对你们每一个人说："一起向前！永不退缩！"

感谢我在北卡罗来纳中央大学和杜克神学院的老师们，是你们的智慧指引着我，让我勇于面对每天的挑战。我尤其要感谢那些认定我具有潜力并给予我特别关注的老师，你们的教诲我将永远铭记在心。

衷心感谢所有我引用过其著作的学者，以及帮助我为道德公共政策辩护的智库和政治领袖，特别是政策研究所、经济政策研究所、哥伦比亚大学可持续发展中心，以及那些在美国国会中努力推动与第三次重建相关政策的议员。

感谢德鲁大学允许我在公共政策和教牧关怀方面进行博士研究，这些思考塑造了我的人生事业。

感谢所有帮助我进入耶鲁神学院的人，是他们让我有机会通过公共神学和公共政策中心把道德融合运动的精神传统传递给那些才华横溢的学生，尤其是我们的团队成员瓦莱丽·埃瓜沃恩、罗兹·佩莱斯和乔纳森·威尔逊-哈特格罗夫。

我衷心感谢"补破口者"组织的所有工作人员，感谢那些被派往一线的组织者；感谢那些歌者；感谢那些运动安全保障者；感谢那些顾问人员；感谢那些处理文件和优化行政流程的人；感谢那些竭尽全力确保我能够去到那些原本不可能到达之地的人；感谢你们所有人。感谢每一位以任何方式支持"补破口者"组织使这项工作得以维持的人。

感谢包括凯洛斯中心及其他大小合作组织在内的所有与我们一起参与穷人运动的朋友。"我们"确实是正义词汇中最重要的词，我个人一直深受"我们"这一概念的鼓舞。

夏洛特·希迪最初是由我的朋友蒂姆·泰森介绍给我认识的，她深谙图书制作流程以及书籍在这个世界能发挥的作用。她成了我们的贵人，把我们推荐给了诺顿出版社的团队，尤其是鲍勃·韦尔。韦尔不仅对这个项目充满热情，在这本书的出版理念方面更是与我们不谋而合。很多的目标绝非仅靠个人努力就能够实现，但如果我们的目标是以道德融合的明确方式去建立一个人人都有发展机会的民主社会，那么我们必须要感谢韦尔和他卓越的团队付出的努力。

乔纳森是我的兄弟，他告诉我，我脑海中其实早已有了关于这本书的构想。我要感谢他帮助我把构想最终变为现实。

如果这本书最终能够为一场重建美国民主的运动起到推波助澜的作用，那么我也必须感谢作为读者的你。

注　释

我在本书中分享的个人故事，都是基于我对个人经历的回忆，而且在讲述这些故事时，我已尽最大努力还原了其发生时的历史背景。在过去 10 年中，融合影业记录了我在美国各地参与的大部分运动组织工作。凡是有影像记录的，我都是直接引用相关的内容。

以下注释旨在为我在文中所引用的事实列出依据，并希望读者能够借此进一步了解我写作过程中所参考的学术研究和各种新闻报道。在此请允许我对所有的学者和记者表示感谢，是他们的工作让我对美国的贫困、种族和不平等有了更深入的思考。

1. 参见 James Baldwin, "As Much Truth as One Can Bear," *New York Times Book Review*, January 14, 1962, p.38。
2. 这是基于美国政策研究所 2018 年的报告中关于住房数据的分析。参见 "The Souls of Poor Folk: Auditing America 50 Years After the Poor People's

Campaign Challenged Racism, Poverty, the War Economy/ Militarism and Our National Morality," p.10. Accessed July 12, 2023: https://www.poorpeoplescampaign.org/wp-content/uploads/2019/12/PPC-Audit-Full-410835a.pdf。

3. 参见以下三人的分析：Larry Buchanan, Quoctrung Bui, and Jugal K. Patel, "Black Lives Matter May Be the Largest Movement in U.S. History," *New York Times*, July 3, 2020。

4. 参见《圣经·耶利米书》第6章第13节。

5. 我们可使用计算器来查看一个家庭是否达到官方贫困衡量标准，参见 https://www.healthinformatics.dphe.state.co.us/NonAuthenticated/FPLCALC/。

6. 关于她如何制定官方贫困衡量标准公式的个人叙述，参见 Mollie Orshansky, "Counting the Poor: Another Look at the Poverty Profile," *Social Security Administration Bulletin*, January 1965, p.4。

7. 依据联邦政府当前的衡量标准，这一截至2022年的统计数字涵盖了在技术层面被认定为"租金负担过重"的家庭。参见 https://www.census.gov/newsroom/press-releases/2022/renters-burdened-by-housing-costs.html。

8. 美国住房和城市发展部会根据各地社区在某个时间点所进行的统计，每年发布一次关于无家可归者的估算数字。这些估算数字既不包括住在临时收容所的"被收容"的无家可归者，也不包括住在汽车里、在他人处"借宿"及其他没有任何永久居所的数百万人。参见其2022年12月发布的年度报告，https://www.hud.gov/press/press_releases_media_advisories/hud_no_22_253。

9. 参见"New Reality Check: The Paycheck-to-Paycheck Report," Accessed July 14, 2023. https://www.pymnts.com/study/reality-check-paycheck-to-paycheck-consumer-planning-financial-emergency。

10. 参见以下分析：Drew DeSilver, "For Most U.S. Workers, Real Wages Have Barely Budged in Decades," August 7, 2018, Pew Research Center Report。

11. 参见美联储的数据，https://www.federalreserve.gov/releases/z1/dataviz/dfa/distribute/table/#quarter:119;series:Net%20worth;demographic:income;population:all;units:levels。

12. 由于政策只能应对我们所衡量出的现实问题，美国严重低估贫困人口这一事实限制了我们就如何消除贫困进行严肃政策辩论的能力。"穷人运动"认为，为了认识到我们所面临问题的严重性，美国政府必须改变其贫困衡量标准。有关我们如何统计出美国拥有1.4亿贫困和低收入人口的更详细解释，参见 Shailly Gupta Barnes, "Explaining the 140 Million," https://kairoscenter.org/explaining-the-140-million/。这些数据得到了《华盛顿邮报》2019 年 6 月 20 日一篇报道的核实,参见 "Joe Biden's Claim that 'Almost Half' of Americans Live in Poverty," https://www.washingtonpost.com/politics/2019/06/20/joe-bidens-claim-that-almost-half-americans-live-poverty/。

13. 对我们所拥有的贫困数据进行细分有助于揭示不平等之痛对各个社区所造成的具体影响。这一关于贫困会影响更多白人的计算是基于美国人口普查数据的分析,所用的是绝对数字而不是人口百分比,具体分析参见 https://www.census.gov/data/tables/time-series/demo/income-poverty/cps-pov/pov-01.html#par_textimage_10。

14. 参见特别报告员菲利普·奥尔斯顿所撰写的 2017 年 12 月 1 日至 15 日访美报告。Accessed July 17, 2023: https://digitallibrary.un.org/record/1629536?ln=en。

15. 参见皮尤研究中心 2019 年 12 月 16 日的报道,"The Digital Pulpit: A Nationwide Analysis of Online Sermons"。

16. 有关"穷人运动"的历史,参见 Sylvie Laurent, *King and the Other America* (Berkeley: University of California Press, 2019)。

17. 参见科雷塔·斯科特·金于 1968 年 6 月 19 日在华盛顿特区团结日集会上的演讲。资料来源:亚特兰大马丁·路德·金活动中心。

18. 参见马丁·路德·金于 1964 年 5 月 28 日在弗吉尼亚州阿灵顿美洲酒店举办的全国有色人种协进会法律辩护与教育基金平等法律公正大会上的发言。资料来源:亚特兰大马丁·路德·金活动中心。

19. 关于"共同前进道德运动"和"道德星期一"活动的更多内容,参见我所写的《第三次重建:道德星期一、融合政治和新正义运动的兴起》一书(*The Third Reconstruction: Moral Mondays, Fusion Politics, and the Rise of a New Justice Movement*, Boston: Beacon Press, 2016)。

20. 参见《圣经·诗篇》第 121 章。

21. 关于这一历史背景的介绍,参见 Cameron McWhirter, *Red Summer: The Summer of 1919 and the Awakening of Black America* (New York: Henry Holt, 2011)。

22. 这是对《圣经·马太福音》第 25 章所记载之"最后的审判"的引用。

23. 这首赞美诗是由英国赞美诗作家约翰·福西特于 18 世纪创作而成。

24. 参见《圣经·路加福音》第 18 章第 29 节。

25. 参见《圣经·以赛亚书》第 58 章第 6 节。

26. 北卡罗来纳州司法中心健康权益联盟在当时提供了对该数据的分析。

27. 摘自马丁·路德·金于 1960 年 4 月 17 日接受美国全国广播公司的《与媒体见面》节目的采访。采访文字实录可通过斯坦福大学的马丁·路德·金研究所网站获取：http://okra.stanford.edu/transcription/document_images/Vol05Scans/17Apr1960_ InterviewonMeetthePress.pdf。

28. 弗洛伦斯·里斯在丈夫被哈伦县治安官约翰·亨利·布莱尔逮捕后创作了这首歌。里斯在她的书《逆流而上》(*Against the Current*, Knoxville, TN: Florence Reece, 1981) 中讲述了这个故事。

29. 参见 Langston Hughes, "Let America Be America Again" (1936)。

30. 参见 Matthew Desmond, *Poverty, By America* (New York: Crown, 2023)。德斯蒙德的分析做出了一个重要的转变，即从关注贫困问题的受害者转向探讨维持贫困的政策。他有力地论证说，我们需要一场新的废除运动来终结贫困。

31. 参见 Johnson Oatman Jr., "Higher Ground"。

32. 有关弗吉尼亚历史和种族发展历史的关键介绍，参见 James P. Horn, Peter C. Mancall, and Paul Musselwhite, eds., *Virginia 1619: Slavery and Freedom in the Making of English America* (Chapel Hill: University of North Carolina Press, 2019)。

33. 参见 James D. Rice, *Tales from a Revolution: Bacon's Rebellion and the Transformation of Early America* (New York: Oxford University Press, 2012)。

34. 参见 Ira Berlin, *Many Thousands Gone: The First Two Centuries of Slavery in North America* (Cambridge, MA: Harvard University Press, 1998)。

35. 参见 James Baldwin, "Notes for a Hypothetical Novel and Address," in *Nobody Knows My Name* (New York: Dial Press, 1961), 157。

36. W. E. B. 杜波依斯在其 1935 年的著作《黑人重建》一书中致力于重现第一次重建时期的历史，并对哥伦比亚大学"邓宁学派"关于南方重建"失败"的论述提出疑问。哥伦比亚大学的埃里克·福纳毕生致力于发展重建史学，其研究结论和我在本书中所提出的主要观点不谋而合。参见 Foner, *Reconstruction: America's Unfinished Revolution, 1863–1877* (New York: Harper & Row, 1988)。

37. 参见《北卡罗来纳州宪法》第 11 条第 4 节。

38. 参见《北卡罗来纳州宪法》第 1 条第 1 节。

39. 有关 19 世纪救赎运动的历史及其扭曲重建的道德叙事的方式，参见 Carole Emberton, *Beyond Reconstruction: Race, Violence, and the American South after the Civil War* (Chicago: University of Chicago Press, 2013)。有关追溯这一历史持续主题的当代分析，参见 Wesley Lowery, *American Whitelash: A Changing Nation and the Cost of Progress* (New York: Mariner Books, 2023) 和 Carol Anderson, *White Rage: The Unspoken Truth of Our Racial Divide* (New York: Bloomsbury, 2016)。

40. 参见 Thomas Dixon, *The Clansman: A Historical Romance of the Ku Klux Klan* (New York: Doubleday, 1905)。有关托马斯·狄克逊的生平及其影响的分析，参见 Michele K. Gillespie and Randal L. Hall, eds., *Thomas Dixon Jr. and the Birth of Modern America* (Baton Rouge, LA: LSU Press, 2009)。

41. 依据 1865 年 1 月 16 日发布的"第 15 号特别战地命令"，南卡罗来纳州、佐治亚州和佛罗里达州沿海约 40 万英亩的土地将被没收并重新分配给此前遭奴役的人，人均得地 40 英亩。这项命令是在谢尔曼展开"向大海进军"的军事行动之后颁布的。同年晚些时候，在亚伯拉罕·林肯总统遇刺后，安德鲁·约翰逊就任总统并撤销了该命令。参见 Claude F. Oubre, *Forty Acres and a Mule: The Freedmen's Bureau and Black Land Ownership* (Baton Rouge, LA: LSU Press, 2012)。

42. 查尔斯·佩恩对第二次重建时期的历史和社会学研究使我们得以深入了解道德融合运动通过长期地方组织建设而建立起来的过程。参见 Payne, *I've Got the Light of Freedom: The Organizing Tradition and the Mississippi Freedom Struggle* (Berkeley: University of California Press, 1995) 和 Jeanne Theoharis, *A More Beautiful and Terrible History: The Uses and Misuses of Civil Rights History* (Boston: Beacon Press, 2018)。

43. 关于将二战后的自由斗争置于重建框架中的历史研究，参见 Manning Marable, *Race, Reform, and Rebellion: The Second Reconstruction and Beyond in Black America, 1945–2006* (Jackson: University Press of Mississippi, 2007)。

44. 参见马丁·路德·金于 1968 年 3 月 14 日在密歇根州底特律市的格罗斯波特因高中发表的演讲《另一个美国》。在其生命的最后几个月，马丁·路德·金被迈克尔·哈林顿在《另一个美国：美国的贫困》(*The Other America: Poverty in the United States*, New York: Scribner's, 1962) 中所提出的"两个美国"概念吸引。

45. 有关这段历史的详细研究，参见 Lisa McGirr, *Suburban Warriors: The Origins of the New American Right* (Princeton: Princeton University Press, 2001)。有关种族和宗教在这一时期相互交织的有益分析，参见 Anthea Butler, *White Evangelical Racism: The Politics of Morality in America* (Chapel Hill: University of North Carolina Press, 2021)。

46. 摘自 1981 年亚历山大·拉米丝对其进行的采访。采访的完整音频于 2012 年由《国家》杂志发表。Accessed July 14, 2023. https://www.thenation.com/article/archive/exclusive-lee-atwaters-infamous-1981-interview-southern-strategy/。

47. Reynolds Price, *A Whole New Life* (New York: Atheneum, 1994), p.98.

48. 参见《北卡罗来纳州宪法》第 1 条第 12 节。

49. 有关美国全国有色人种协进会的历史，参见 Patricia Sullivan, *Lift Every Voice* (New York: New Press, 2010)。

50. 有关艾达·B. 韦尔斯反对私刑的斗争及其背景，参见 Paula J. Giddings, *Ida: A Sword Among Lions* (New York: Amistad, 2009)。

51. 有关塞尔马运动的历史及其在美国第二次重建中的作用，参见 Robert A. Pratt, *Selma's Bloody Sunday* (Baltimore: Johns Hopkins University Press, 2017)。

52. 参见马丁·路德·金于 1965 年 3 月 25 日发表的演讲《我们的上帝在前进》。全文可通过斯坦福大学的马丁·路德·金研究所网站获取。Accessed July 12, 2023. https://kinginstitute.stanford.edu/our-god-marching.

53. 参见皮尤研究中心的数据：https://www.pewresearch.org/social-trends/2016/06/27/1-demographic-trends-and-economic-well-being/。

54. 参见 Emmanuel Saez and Gabriel Zucman, "The Rise of Income and Wealth Inequality in America: Evidence from Distributional Macroeconomic Accounts." *The Journal of Economic Perspectives* 34, no. 4 (2020): 3。

55. 数据参见 https://www.statista.com/statistics/631244/voter-turnout-of-the-exit-polls-of-the-2016-elections-by-income/。

56. 有关美国农村医院的历史和《希尔-伯顿法案》的简要介绍，参见 D. E. Newton, "Hill-Burton Act." In *The Gale Encyclopedia of Public Health* (2nded.), 2020。

57. 北卡罗来纳州司法中心健康权益联盟在当时提供了对该数据的分析。

58. 鲍勃在其引人入胜的回忆录《站错谋杀溪》(*The Wrong Side of Murder Creek*, Athens, GA: New South Books, 2008）中分享了他自己的故事。2020

年，斯皮克·李将鲍勃的故事拍成了一部名为《南方之子》的电影。

59. 有关蒂尔生平的详细描述、蒂尔的母亲对蒂尔惨遭杀害的反应以及她在美国第二次重建中所扮演的角色，参见 Tim Tyson, *The Blood of Emmett Till* (New York: Simon & Schuster, 2017)。

60. 有关"向贫困宣战"运动的批判性评价，参见 Kyle Farmby, ed., *The War on Poverty: A Retrospective* (Minneapolis: Lexington Books/ Fortress Academic, 2014)。

61. 有关多萝西娅·朗格的"流浪母亲"系列作品的故事，参见 Winifred Fluck, "Poor Like Us: Poverty and Recognition in American Photography," *American Studies* 55, no. 1 (2010): 63–93。

62. 参见 Josh Levin, *The Queen: The Forgotten Lie Behind an American Myth* (Boston: Little, Brown, 2019)。

63. 参见 Nancy MacLean, *Democracy in Chains: The Deep History of the Radical Right's Stealth Plan for America* (New York: Viking, 2017)。

64. 参见 Jonathan Wilson-Hartgrove, *Reconstructing the Gospel: Finding Freedom from Slaveholder Religion* (Downers Grove, IL: InterVarsity Press, 2018)。

65. 参见 Kevin Kruse, *One Nation Under God: How Corporate America Invented Christian America* (New York: Basic Books, 2015), xiv。

66. 有关构成当今激进右派势力的网络组织的更多信息，参见 Katherine Stewart, *The Power Worshippers: Inside the Dangerous Rise of Religious Nationalism* (New York: Bloomsbury, 2019)。有关宗教右翼的思想史，参见 Randall Balmer, *Thy Kingdom Come: How the Religious Right Distorts the Faith and Threatens America* (New York: Basic Books, 2007)。

67. 有关保罗·韦里奇以及国家政策委员会所扮演角色的更多信息，参见 Anne Nelson, *Shadow Network: Media, Money, and the Secret Hub of the Radical Right* (New York: Bloomsbury, 2019)。

68. Samuel L. Perry and Andrew L. Whitehead, *Taking America Back for God: Christian Nationalism in the United States* (New York: Oxford University Press, 2020); Philip S. Gorski and Samuel L. Perry, *The Flag and the Cross: White Christian Nationalism and the Threat to American Democracy* (New York: Oxford University Press, 2022). 罗伯特·琼斯和政治宗教研究所定期发布有关基督教民族主义及其对美国生活中公共问题的影响的调查数据，参见 https://www.

prri.org/research/a-christian-nation-understanding-the-threat-of-christian-nationalism-to-american-democracy-and-culture/。

69. 参见 Pam Fessler, "Kentucky County That Gave War on Poverty a Face Still Struggles," January 8, 2014, National Public Radio. Accessed July 12, 2023: https://www.npr.org/2014/01/08/260151923/kentucky-county-that-gave-war-on-poverty-a-face-still-struggles。

70. 欲了解更多由"补破口者"组织提供的资源信息，请访问 www.breachrepairers.org。

71. 参见 Elliot Jaspin, *Buried in the Bitter Waters: The Hidden History of Racial Cleansing in America* (New York: Basic Books, 2007)。更多关于科尔宾种族清洗的信息，参见该书第 167—183 页。

72. 关于贫困的持续创伤如何影响个人福祉的心理学研究概述，参见 Aviva Goral et al., "Development and Validation of the Continuous Traumatic Stress Response Scale (CTSR) Among Adults Exposed to Ongoing Security Threats," PLOS One 16, no. 6 (June 7, 2021)。

73. 参见 David Brady et al., "Novel Estimates of Mortality Associated with Poverty in the US," *Journal of the American Medical Association Internal Medicine* 183, no. 6 (June 2023): 618–619。

74. 参见 Jay Shambaugh et al., "Who Is Poor in the United States? Examining the Characteristics and Workforce Participation of Impoverished Americans." Brookings Institution, October 2017, 1–10. https://www.brookings.edu/wp-content/uploads/2016/07/who_is_poor_in_the_us-1.pdf。

75. 关于突显珀金斯对"新政"的道德影响的传记，参见 Kirstin Downey, *The Woman Behind the New Deal: The Life of Frances Perkins, FDR's Secretary of Labor and His Moral Conscience* (New York: Doubleday, 2009)。

76. Franklin Delano Roosevelt, "Statement on the National Industrial Recovery Act," June 16, 1933. Franklin D. Roosevelt Presidential Library.

77. 华盛顿大游行的活动计划提出了 10 项诉求。有关组织活动及其政策议程背后的更多故事，参见 Julian Bond, *Julian Bond's Time to Teach: A History of the Southern Civil Rights Movement* (Boston: Beacon Press, 2021), 239–257。

78. David Card and Alan Krueger, "Minimum Wages and Employment: A Case Study of the Fast-Food Industry in New Jersey and Pennsylvania," *American Economic*

Review 84 (1994): 772–793.

79. 参见《圣经·耶利米书》第 22 章第 13 节。

80. 有关美国劳工运动的历史，参见 Kim Kelly, *Fight Like Hell: The Untold History of American Labor* (New York: Atria, 2022)，以及 Philip Dray, *There Is Power in A Union: The Epic Story of Labor in America* (New York: Anchor, 2011)。

81. 参见 Anne Case and Angus Deaton, *Deaths of Despair and the Future of Capitalism* (Princeton: Princeton University Press, 2022)。

82. 有关争取投票权斗争的更多信息，参见 Ari Berman, *Give Us the Ballot: The Modern Struggle for Voting Rights in America* (New York: Farrar, Straus and Giroux: 2015)，以及 Carol Anderson, *One Person, No Vote: How Voter Suppression Is Destroying Democracy* (New York: Bloomsbury, 2018)。另参见马克·埃利亚斯（Marc Elias）创建的在线资源"民主摘要"，该资源旨在向公众提供有关投票权立法的最新信息，https://www.democracydocket.com；以及布伦南司法中心，该中心会追踪各州立法机构提出的各种选民压制法案，https://www.brennancenter.org/issues/ensure-every-american-can-vote/voting-reform/state-voting-laws。

83. "N.C. State Conference of the Naacp v. McCrory," 831 F.3d 204 (4th Cir. 2016). https://casetext.com/case/nc-state-conference-of-the-naacp-v-mccrory.

84. 参见 Gavin Wright, *Sharing the Prize: The Economics of the Civil Rights Revolution in the American South* (Cambridge, MA: Harvard University Press, 2018)。

85. 参见 Amy Melissa Widestrom, "Impoverished Democracy: Economic Inequality, Residential Segregation, and the Decline of Political Participation" (2008). Syracuse University Libraries, Political Science: Dissertations. https://surface.syr.edu/psc_etd/9。

86. 参见《圣经·以西结书》第 22 章第 25 节。后面的引文也来自本篇第 22 章。枯骨之地的异象出现在本篇第 37 章。

87. 参见 J. D. Vance, *Hillbilly Elegy: A Memoir of a Family and Culture in Crisis* (New York: Harper Collins, 2016)。

88. 有关万斯对特朗普前倨后恭的诸类报道，参见 Natalie Allison, "'My god what an idiot': J. D. Vance Gets Whacked for Past Trump Comments," *Politico*, October 23, 2021. https://www.politico.com/news/2021/10/23/jd-vance-ohio-senate-trump-comments-516865。

89. 有关贫穷美国民众投票参与率的数据，参见 Robert Paul Hartley, "Unleashing the Power of Poor and Low-Income Americans," Poor People's Campaign, August 2020. https://www.poorpeoplescampaign.org/wp-content/uploads/2020/08/PPC-Voter-Research-Brief-18.pdf。

90. 数据参见 https://www.statista.com/statistics/631244/voter-turnout-of-the-exit-polls-of-the-2016-elections-by-income/。

91. 基于对县级选民数据的分析。参见 https://elect.ky.gov/Resources/Documents/voterturnoutcounty-2019G-20200323-080539.pdf。

92. 有关贝希尔演讲的视频，参见 https://www.nytimes.com/video/us/elections/100000006810114/kentucky-election-bevin-beshear.html。

93. 基于对县级选民数据的分析。参见 https://elect.ky.gov/Resources/Documents/voterturnoutcounty-2019G-20200323-080539.pdf。

94. 参见 "A People's Pandemic Report," April 2022, p.2. https://www.poorpeoplescampaign.org/wp-content/uploads/2022/04/ExecutiveSummary_7.pdf。

95. 参见 Alison Galvani et al., "Universal Healthcare As Pandemic Preparedness: The Lives and Costs that Could Have Been Saved During the COVID-19 Pandemic," *Proceedings of the National Academy of Sciences US*, June 13, 2022. https://www.pnas.org/doi/10.1073/pnas.2200536119。

96. 可访问国家大教堂 YouTube 账号查看这篇布道的视频：https://youtu.be/eviTAayTGT4?si=P0z3rvM91_zHfXM4。

97. 参见《圣经·阿摩司书》第 5 章。彼得森是马里兰州郊区的一名长老会牧师，他曾说，在 1965 年马丁·路德·金博士呼吁牧师们支持塞尔马游行时，他本想前往，但主告诉他要留在当地以挑战郊区白人中的种族主义。他将先知的希伯来文原文翻译为当代美式英语，生动地呈现先知语言中的戏剧性和图像感，并使这些古代的宗教信息在现代读者眼中更具实感和相关性。

98. 参见 Jack Jenkins, "Biden Talks Faith and Poverty at Poor People's Campaign Event," Religion News Service, September 15, 2020. https://religionnews.com/2020/09/15/biden-talks-faith-and-poverty-at-poor-peoples-campaign-event/。

99. 参见 Sarah Anderson and Margot Rathke, "After Boosting Low-Income Voter Turnout, Poor People's Campaign Mobilizes for Covid Relief," Inequality.org, November 9, 2020. https://inequality.org/great-divide/poor-peoples-campaign-voter-turnout/。

100. 参见出口民调数据：https://www.statista.com/statistics/1184428/presidential-

election-exit-polls-share-votes-income-us/。

101. 相关报道参见 https://www.nytimes.com/interactive/2020/11/03/us/elections/results-florida-amendment-2-raise-minimum-wage.html。

102. 参见《圣经·以赛亚书》第58章第12节。

103. 参见2021年1月5日联邦决选官方结果，https://results.enr.clarityelections.com/GA/107556/web.274956/#/summary。

104. 相关报道参见 Jordain Carney, "Manchin Says He Doesn't Support Raising Minimum Wage to $15 Per Hour," The Hill, February 2, 2021. https://thehill.com/homenews/senate/536977-machin-says-he-doesnt-support-raising-minimum-wage-to-15-per-hour/。

105. 参见 Martin Luther King Jr., "Letter from Birmingham City Jail" (Philadelphia: American Friends Service Committee, May 1963). 这封信于当年夏末发表在 *Ebony* 杂志上，次年发表在马丁·路德·金的著作 *Why We Can't Wait* 中。

106. 相关报道参见 Sahil Kapur et al., "Manchin, Sinema Join Senate GOP in Rejecting Filibuster Rule Change, Dooming Voting Bills," NBC News, January 19, 2022. https://www.nbcnews.com/politics/congress/democrats-voting-rights-bill-heads-toward-defeat-amid-gop-blockade-n1287685。

107. 想要了解更多约翰·刘易斯及其为捍卫投票权做出的贡献，参见影片 *John Lewis: Good Trouble*, by Erika Alexander, Dawn Porter, and Ben Arnon, Magnolia Home Entertainment, 2020。

108. 参见布伦南中心对选民压制立法的追踪：https://www.brennancenter.org/issues/ensure-every-american-can-vote/voting-reform/state-voting-laws。

109. 参见 Keri Leigh Merritt, *Masterless Men: Poor Whites and Slavery in the Antebellum South* (New York: Cambridge University Press, 2017), 3。

110. 参见 Scott Nelson, "Red Strings and Half-Brothers" in John C. Inscoe and Robert C. Kenzer, eds., *Enemies of the Country: New Perspectives on Unionists in the Civil War South* (Athens, GA: University of Georgia Press, 2004), 37–53。

111. 参见 Tim Tyson, *News and Observer*, August 17, 2017. https://www.newsobserver.com/opinion/op-ed/article31123988.html#storylink=cpy。

112. 参见 Abraham Lincoln, "First Inaugural Address," March 4, 1861. https://www.gilderlehrman.org/sites/default/files/inline-pdfs/01264_0.pdf。

113. 更多有关《众生扬声歌颂》的故事，参见 Imani Perry, *May We Forever Stand:*

      A History of the Black National Anthem (Chapel Hill, NC: University of North Carolina Press, 2018)。

114. 相关概述报告，参见 Stef W. Kight, "America's Majority Minority Future," https://www.axios.com/2019/04/29/ when-american-minorities-become-the-majority。

115. 有关星巴克员工组织工会和公司进行抵制的报道，参见 Rani Molla, "How a Bunch of Starbucks Baristas Built a Labor Movement," Vox.com, April 8, 2022. https://www.vox .com/recode/22993509/starbucks-successful-union-drive。

116. 这两句歌词出自"(We Are) The Cowboys"，比利·乔·谢弗作词。此曲收录于遗产唱片公司 2020 年 7 月 3 日发行的专辑 *First Rose of Spring*。

117. 参见 Erica Chenoweth, *Civil Resistance: What Everyone Needs to Know* (New York: Oxford University Press, 2021)。

118. 有关美国"日落小镇"历史的更多信息，参见 James Loewen, *Sundown Towns: A Hidden Dimension of American Racism* (New Press, 2005)。

119. 有关更多信息，参见 Jonathan Wilson-Hartgrove, *Revolution of Values: Reclaiming Public Faith for the Common Good* (InterVarsity Press, 2019)。